er

Tantra, Sex & andere Mysterien

EINE MÄNNLICHE WEGBESCHREIBUNG
TANTRISCHER LEBENSKUNST

Inhalt

Vorwort

IN DER REGEL IDENTIFIZIEREN WIR Menschen uns mit dem rastlosen Selbstgespräch in unserem Kopf. Unser Verstand erzählt uns fortdauernd, dass Glück und Befriedigung entweder einer glorreichen Vergangenheit angehören oder in der Zukunft zu finden sind. In unserer Unbewusstheit werden wir nicht müde ihm zu glauben und weiterhin an einer toten Vergangenheit zu haften oder uns abzustrampeln, um Ziele zu erreichen, die vermutlich gar nicht unsere eigenen sind.

Dem spirituellen Sucher geht es da nicht anders als dem Fleißigen, nach „Karriere und viel Geld Strebenden", oder dem „nach Erlösung in der Liebe" Suchenden. Manche Wünsche können zwar tatsächlich erfüllt werden und uns ein vorübergehendes Gefühl der Befriedigung und des Glücks bescheren, aber oftmals landen wir wieder bei unserer inneren Leere und erneut beginnt der Hunger und das innere und äußere Abstrampeln. Letztlich suchen alle Menschen nach einem Gefühl von Verbundenheit und Einheit.

Tantra begegnet sowohl dieser Sehnsucht als auch diesem Mechanismus mit der Einladung, anzuhalten. Einfach mal aufzuhören mit dem Rennen. Sich zu entspannen, genau dort wo man sich befindet, als genau der Mensch, der man jetzt ist.

Tantra ist sogar so frech, zu behaupten, dass die ersehnte Einheit schon da ist. Hier und Jetzt. Die Voraussetzung für tantrische Erfahrungen, ob im Bett oder im Alltag, ist eine wache und entspannte Präsenz im Hier und Jetzt, die nichts ausschließt. Auch keine aufkommenden Gefühle, Energien oder natürliche Impulse.

Die Herausforderung beim tantrischen Sex besteht darin, dass es genau diese fortdauernde Präsenz ist, an der wir uns orientieren, und nicht der gewöhnliche Ablauf mit dem Ziel eines Orgasmus. Wichtig ist an dieser Stelle vielleicht, darauf hinzuweisen, dass Tantra heißen Sex bzw. unser bisheriges Liebesspiel nicht ausschließt. Im Gegenteil. Gerade aus der tiefen Entspannung der tantrischen Begegnung zweier Liebenden kann urplötzlich eine Welle von leidenschaftlicher sexueller Energie auftauchen.

Der Unterschied ist im Wesentlichen der, dass wir uns nicht mehr zielorientiert am „Orgas-Muss" orientieren. Weder der Mann noch die Frau. Wenn die Energie beginnt im tantrischen Kreis zu fließen und nicht wie gewöhnlich nach kurzer Zeit in einem heftigen Orgasmus entladen wird, dann bekommen Liebende langsam eine Ahnung davon, was es mit der Faszination und dem Potenzial einer tantrisch ausgerichteten Sexualität so auf sich hat. Sexuelle Neurosen, Süchte und Konflikte können einfacher aufgelöst werden und wirkliche Befriedigung und Ekstase in unsere Sexualität, und dadurch auch in unseren Alltag einfließen.

Im Grunde geht es um Entspannung, Vertrauen und der Rückverbindung zu unserer inneren Quelle. Tantrische Sexualität ist eine wunderbare Möglichkeit diese ursprünglichen Energie zu erfahren und diese neue Einstellung ganz lebendig in den Alltag zu integrieren.

„Tantra, Sex und andere Mysterien" ist eine Einladung hinzuspüren, was Tantra mit Ihnen und Ihrem Leben zu tun haben könnte. Das Buch legt dabei keinen Wert auf wissenschaftliche Vollständigkeit und Genauigkeit. Im Grunde ist es eine humorvolle Reflektion meiner eigenen Erfahrungen, Erkenntnisse und Gedanken. Inspiration kann auf so vielen Ebenen geschehen. Von der Präsenz eines Freundes, über leidenschaftliche, herzliche Begegnungen, bis hin zu künstlerischer und spiritueller Anregung und Berührung. Schönheit, Liebe, Kreativität, Menschlichkeit, die Natur, tantrischer Sex, ein Spiel mit Worten, heilende Energien, kosmische Klänge. Wie reich das Leben doch ist in seiner Originalität uns fortwährend zu inspirieren, und damit unsere liebevolle Präsenz zu erwecken. Uns letztlich zu verführen unser eigenes göttliches Potenzial zu erahnen, zu erschließen und ins Leben zu bringen.

Mein Dank gehört an dieser Stelle schließlich dem Leben selbst, gebührt Gott, dem alten kosmischen Narren auf seiner Wolke, Shiva und Shakti, dem göttlichen Liebespaar, den mich führenden Kräften des Kosmos, die stets und schon immer meine Schritte lenken und mich zur rechten Zeit mit ihrer Weisheit, Gnade und Energie beschenken. Und dann sind da noch die Menschen. Ich fühle mich dankbar und bereichert durch die wunderbaren Menschen, Lehrer und Meister, die mir auf meinem Lebensweg begegnet sind bzw. ihn mit mir teilen. Auf den folgenden Seiten möchte ich diese Anerkennung gerne ausdrücken, dazu einen kleinen Überblick tantrischer Gedanken anbieten und im besten Falle ein bisschen von dieser Inspiration an Sie weiterreichen.

1 Gelöst und natürlich

Erst wenn Tantra zur Grundlage des menschlichen Denkens wird, kann der Mensch vollständig werden. Keine andere Vision akzeptiert den Menschen in seiner Ganzheit.

Osho

IM JUNGEN ALTER von neunzehn Jahren begab ich mich auf die Suche nach meiner inneren Wahrheit. Mit großer Leidenschaft begann ich esoterische und spirituelle Bücher zu studieren. Ein guter und optimistischer Einstieg war „Schicksal als Chance" von Thorwald Dethlefsen. Anschließend folgten u.a. noch Erhard Freitag, Rupert Sheldrake, Alan Watts, Yogananda, die Bhagavad-Gita und schließlich Osho. Mein erstes Osho-Buch, das ich in die Hände bekam, hieß „Tantra – Die höchste Einsicht". Ich war begeistert und fühlte mich sehr inspiriert. Die Wahrheit zwischen den Zeilen vermittelte mir ein erhabenes und gleichzeitig angenehm vertrautes Gefühl: Tantra war mein Weg. Daran gab es keinen Zweifel.

Noch etwas abgehoben auf Grund meiner gerade glücklich beendeten Drogenkarriere beschloss ich, eine zehntägige Bergtour zu machen, den „Gesang vom Mahamudra", um den es in diesem Büchlein geht, auswendig zu lernen bzw. zu verinnerlichen und als ein besserer Mensch wieder in mein bayrisches Heimatdorf zurückzukehren. Aber es sollte nicht sein.

Bibbernd vor Kälte stieg ich in der ersten Nacht durch das Dachfenster in eine Berghütte ein, wobei ich offenbar beobachtet wurde. Kurze Zeit später störten zwei Polizisten meine Meditation, und schon hatte mich die Welt wieder.

Zwanzig Jahre später unternahm ich dieselbe Tour noch einmal. Ein wenig gereifter, realistischer motiviert und, nicht zuletzt, zu einer wärmeren Jahreszeit.

Das Tantra-Buch hatte ich wieder dabei:

> *„Ohne jede Anstrengung, einfach nur, indem du gelöst und natürlich bleibst, kannst du das Joch zerbrechen – und Befreiung erlangen."*

„Gelöst und natürlich" – das klingt immer noch (und immer wieder) wie eine magische Zauberformel in meinen Ohren. Obwohl Tantra für viele Menschen ausschließlich etwas mit Sexualität zu tun hat, war mein Einstieg in die tantrischen Mysterien eher philosophischer Natur.

Osho sagte einmal, dass Tantra einfach ein bedingungsloses und allumfassendes JA zum Leben ist. Der nahe liegende Grund, warum Tantra offenbar so oft mit Sex assoziiert wird, besteht möglicherweise darin, dass sich über die Jahrhunderte so viele NEINs in der Sexualität angesammelt haben. (Und plötzlich taucht Tantra als spirituelle Lehre mit einem JA zum Sex auf. Das musste ja in die Schlagzeilen kommen).

Was hat es also auf sich mit diesem Tantra? Welche Merkmale haben die unterschiedlichen Tantra-Schulen und -Traditionen gemeinsam? Warum spielt Tantra im Bewusstsein vieler Menschen plötzlich eine so große Rolle? Wie kann Tantra diesen Menschen ganz praktisch in ihrem Alltag nützen? Und wie beeinflusste und bereicherte Tantra mein eigenes Leben während der vergangenen zwanzig Jahre? Schwenken wir den Fokus an dieser Stelle hinüber zu den

Esoterikern und Astrologen unter uns. Es wird behauptet, dass sich die Erde bereits im Übergang vom Fische- zum Wassermannzeitalter befindet und dass sich dieses viel zitierte und besungene Wassermannzeitalter u.a. dadurch auszeichnet, dass die Menschen sich nicht mehr blindlings nach äußeren Autoritäten wie Staat, Kirche oder einem Guru orientieren, sondern das Zentrum des Denkens, Fühlens und Handelns in sich selbst und ihrem Herzen finden. Alan Lowen, ein bekannter Tantra-Lehrer, bezeichnete das tantrische JA zum Leben als das Mantra des Herzens. Und schon schließt sich der Kreis, der im Tantra auch das Symbol für die Einheit darstellt.

Ein weiteres Merkmal des Tantra ist die Betrachtungsweise, dass die ersehnte göttliche Einheit bereits vorhanden ist und nicht erst erlangt werden muss. Tantra behauptet, die Einheit befindet sich nicht irgendwo in einer besseren, vollkommenen Zukunft, sondern sie ist bereits da. Direkt vor unserer Nase. Hier und jetzt. Was also tun, wenn die Einheit, nach der sich das menschliche Bewusstsein sehnt, schon da ist und nicht erst erreicht werden muss?

> *„Es gibt nichts, was du zuerst tun musst, um erleuchtet zu werden." (Thaddeus Golas)*

Das dritte Merkmal einer tantrischen Lebenseinstellung scheint die Einladung zu sein, sich im Hier und Jetzt zu entspannen und den Ort im Universum anzuerkennen, an dem man sich gerade befindet. Als der Mensch, der man geworden ist. Als Mann oder Frau unter anderen Männern und Frauen. Während die Massenmedien damit beschäftigt sind, immer wieder neue Tricks und Kicks zu erfinden, damit wir dem

Hier und Jetzt entkommen, scheint Tantra geradewegs in eine ganz andere Dimension vorzudringen.

Offenbar geht es beim Tantra um nichts Geringeres als eine grundlegende Transformation des menschlichen Bewusstseins. Nicht mehr der Glauben an äußere Autoritäten, sondern das Vertrauen in das Mysterium des Lebens bestimmen und lenken unser Denken, Fühlen und Handeln. Nicht mehr die Trennung von Sex, Gott und Verstand, sondern die natürliche Verbindung unseres Körpers mit der Erde und unserer inneren Führung definiert unser tägliches Leben. Das Schöne am Tantra ist auch, dass es unsere Geschichte, unsere Neigungen und natürlichen Vorlieben integriert. In der Einheit ist für alles Platz.

Der erste Schritt in tantrischer Lebenskunst besteht darin, unsere Lebensumstände, unsere Beziehungen und unsere geistige Frequenz so zu akzeptieren und anzuerkennen, wie sie jetzt gerade sind. Dieses JA ist nicht das passive, resignierte Hinnehmen einer Situation, die wir ohnehin nicht ändern können, sondern es ist ein aktives JA, das sogar alle unsere Widerstände, Ängste und Schattenseiten mit einbezieht. Keine Abwendung, weil man ja sowieso nichts machen kann, sondern eine Hinwendung zur Weisheit des Lebens. Es ist ein JA aus dem inneren Vertrauen heraus, dass jeder Mensch ein wichtiger Teil der Existenz ist und diese göttliche Schöpfung uns genau an diesem Ort, mit diesem Körper und diesen Lebensumständen akzeptiert und braucht.

Gewöhnlich projizieren wir einen erwünschten Seins-Zustand als Wunsch in die Zukunft (beim Sex wäre das der Orgasmus). Tantra entspannt sich dagegen in diesen Moment hinein, was immer er auch beinhalten mag, und dringt dadurch in eine völlig neue Dimension vor. Das Bewusstsein dehnt sich in Liebe aus und verbindet sich mit der erwünschten Lebensqualität. Es braucht kein Mercedes-Cabriolet oder die blonde Traumfrau, um mit der Frequenz von Glück, Ekstase und innerem Frieden in Verbindung zu sein. Nichts gegen Cabriolets und Blondinen, aber mit dem unbewussten Glauben an die Versprechungen der Industrie und der Medien, dass wir nur dieses oder jenes bräuchten, um wirkliches Glück zu erfahren, muss jetzt endlich mal Schluss sein.

Aus dem Herzen heraus zu leben bedeutet, aus der eigenen Wahrheit heraus zu leben. Jesus war absolut im Herzen, als er die Peitsche schwang und die Geschäftsleute aus dem Tempel jagte. Deshalb muss tantrischer Sex auch nicht unbedingt nur mit Entspannen, Tal-Orgasmus und „innerer Flöte" zu tun haben. Es darf auch mal richtig die Post abgehen, inklusive aller menschlichen Gefühle und Emotionen.

Zusammenfassend könnte man sagen, dass der Schlüssel für tantrische Lebenskunst eine achtsame wache entspannte Präsenz des Herzens im Hier und Jetzt ist. Aber vielleicht gibt es ja doch irgendetwas, was wir zuerst dafür tun können?!

Nach der tantrischen Lehre gibt es im menschlichen Körper sieben Chakren, die entlang der Körperachse angeordnet sind. Diese Energiezentren können durch Yoga, Rituale oder die aktivierte Kundalini zum Blühen gebracht werden. Angekommen im siebten Chakra, das oft mit einer geöffneten Lotosblüte dargestellt wird, erlangt der Mensch schließlich Erleuchtung und ist vom Leiden befreit.

Darüber hinaus dient das Modell der Chakren als hervorragende Landkarte für die Erforschung der Komplexität und Vielfalt des menschlichen Bewusstseins und gestattet uns einen einmaligen Überblick über die Dimensionen und

Möglichkeiten menschlicher Entwicklung und spirituellen Wachstums. Jedes dieser Chakren steht für einen anderen Aspekt unseres Seins.

Je nachdem, ob die Chakren energetisiert sind und ausgewogen miteinander schwingen oder nicht, fühlen wir uns wach, lebendig und nehmen mit Freude am Leben teil, oder wir fühlen uns niedergeschlagen, träge und unseren inneren Konflikten ausgeliefert. Die endokrinen Drüsen, die unseren Hormonhaushalt steuern, stehen direkt mit den Chakren in Verbindung und befinden sich „zufälligerweise" an denselben Orten im Körper, an denen sich auch die Chakren lokalisieren lassen.

An dieser Stelle ein kurzer Überblick:

1. Chakra
Wurzelchakra, Farbe Rot, physischer Körper, Ausrichtung nach unten zur Erde, Verbindung zur irdischen Quelle, Polung beim Mann plus, bei der Frau minus. 1. – 7. Lebensjahr, Element Erde, Nebenniere, Archetyp: Bauer, Gärtner, Tiere.

2. Chakra
Sexualchakra, Farbe Orange, emotionaler Körper, Ausrichtung nach außen, Emotionen, Begierden, Sexualität, Mann minus / Frau plus, 8. – 14. Lebensjahr, Element Wasser, Keimdrüsen, Archetyp: Macho, Lover.

3. Chakra
Solarplexus, Farbe Gelb, mentaler Körper, Ausrichtung nach außen, Persönlichkeit, Macht/ Ohnmacht, Mann plus / Frau minus, 15. – 21. Lebensjahr, Element Feuer, Bauchspeicheldrüse, Archetyp: Manager, Politiker.

4. Chakra
Herzchakra, Farbe Grün, astraler Körper, außen/oben/ unten/innen, Liebe und Vertrauen, Mann minus, Frau plus, 22. – 28. Lebensjahr, Element Luft, Thymusdrüse, Archetyp: Mutter Theresa, Lady Diana, der Wohltäter.

5. Chakra
Halschakra, Farbe Blau, Ätherkörper, außen, Individualität und Kreativität, Mann plus, Frau minus, 29. – 35. Lebensjahr, Element Äther; Schilddrüse, Archetyp: Künstler, Dichter.

6. Chakra
Das dritte Auge, Farbe Violett, Kausalkörper, außen, Brücke zur geistigen Welt, Mann minus, Frau plus, 36. – 42. Lebensjahr, Hypophyse, Archetyp: der Prophet, der Visionär.

7. Chakra
Scheitelchakra, Farbe Perlmutt/Weiß, spiritueller Körper, oben, Verbindung zum Kosmos, Mann plus, Frau minus, 43. – 49. Lebensjahr, Zirbeldrüse, Archetyp: der Erleuchtete, der Mystiker.

Stellen wir uns nun einfach einen Kreis um den Menschen mit den sieben Chakren vor, mit dem Herzchakra als Zentrum in der Mitte. Dieser Kreis symbolisiert die tantrische Sichtweise, dass die Erde und der Himmel (1. und 7. Chakra) zusammengehören und in Wirklichkeit eine Einheit bilden. Es handelt sich ganz schlicht um die Verbindung zwischen unserer irdischen und unserer kosmischen Quelle.

Das 1. und das 7. Chakra sind energetisch nach oben bzw. nach unten ausgerichtet, gehören zusammen und symbolisieren die Vereinigung von Körper und Geist. Osho bezeichnete den tantrischen Menschen als „Zorba the Buddha“.

So erdig, vergnügt und lebensfroh in der Welt wie Alexis Zorbas, und gleichzeitig verwurzelt in der Stille und im Geistigen wie Buddha.

> *„Das ist es, was Tantra für mich bedeutet: Eine Reise durch sämtliche Energiezentren, vom untersten bis zum höchsten, wo die Energie über das Kronenchakra hinausschießt ins Universum und zurückfällt, um wieder vom ersten Chakra aufgenommen zu werden. Auf diese Weise wird man an den universellen Stromkreis angeschlossen und immer wieder neu davon ernährt." (Margo Anand)*

Das 1. Chakra ist unsere Verbindung zur Erde, zum Körper und zur irdischen Quelle. Systemische Familienaufstellungen, welche seit ein paar Jahren sehr gefragt sind, arbeiten beispielsweise direkt mit dem 1. Chakra. Wenn wir den irdischen Ursprung nicht ordnen, anerkennen und bejahen, ist es sehr schwierig, sich selbst zu finden, entspannt im Herzchakra präsent zu sein und die oberen, feinstofflicheren Chakren auszudehnen und zu aktivieren.

Osho sprach oft von „Wurzeln und Flügeln" und von der Tatsache, dass beides notwendig ist. Durch Abwendung von der materiellen Welt und den Dramen des Emotionalkörpers (2. Chakra) kommen viele Menschen in Versuchung, in höhere Seins-Zustände aufzubrechen, noch bevor eine Versöhnung und Verbindung mit dem irdischen Ursprung und eine Heilung der emotionalen Wunden geschehen ist. Eine Zeitlang geht das schon, aber irgendwann wird uns die Weisheit des Lebens wieder auf die Erde zurückbringen.

Viele Menschen können von der Erfahrung berichten, wie auf einen enthusiastischen Höhenflug oft ein unangenehmer Aufprall folgte.

Meine eigenen Sturzflug-Erfahrungen beispielsweise erlebte ich folgendermaßen: Vor etwa dreizehn Jahren lernte ich bei einem spirituellen Meister eine sehr effektive Energiearbeit kennen. Ganz mühelos konnte man mit Hilfe von Lichtwesen negative Muster und Blockaden auflösen. Einem Impuls folgend begann ich schon bald, selbst Sitzungen zu geben und Seminare in dieser wunderbaren, effektiven, spirituellen Lichtarbeit durchzuführen. Alles lief bestens und meine göttliche Führung arbeitete brillant mit mir und durch mich. Bald schon wurde ich zu einem gefragten Therapeuten in der spirituellen Szene.

Mein Anrufbeantworter und der Briefkasten waren täglich voll mit Anfragen und Anmeldungen. Endlich hatte ich meinen erfolgreichen Weg im Dienste der göttlichen Kräfte gefunden. Es bestand kein Zweifel darüber, dass ich kosmisch geführt war und dass mir in dieser Führung absolut nichts mehr geschehen konnte. Ich identifizierte mich völlig damit, ein Werkzeug kosmischer Kräfte zu sein. Manchmal auftauchende irdische Probleme und verwirrende menschliche Regungen ignorierte ich im Lichte meines Erfolges als Lichtarbeiter und meiner Identifizierung damit.

Aus diesem naiven Vertrauen heraus begab ich mich schließlich aufs Glatteis. Ich begann meine Zeit, meine Energie und mein Geld in ein sehr gewagtes Projekt zu investieren. Schließlich übersah ich in meinem Eifer einige deutliche Zeichen, ignorierte sowohl die Ratschläge meines Steuerberaters als auch die Tarotkarten einer guten Freundin, und innerhalb von zwei Monaten ging das Unternehmen den Bach runter.

Und weil die Existenz es gerne gründlich mag, kam nach drei Jahren erfolgreicher Arbeit als Seminarleiter auch keine Energie für Gruppen, und schließlich keine Leute mehr. Plötzlich fand ich mich ohne Einnahmen wieder. Bei einem Gerichtsprozess verlor ich schließlich energetisch und finanziell meine letzten Reserven. Ich war pleite, unterschrieb einen Offenbarungseid und stand Samstagmorgen mit meinem Hab und Gut auf dem Flohmarkt.

Heute bin ich froh darüber, dass mich das Leben damals auf diese Weise wieder auf die Erde und in die Normalität zurückgeworfen hat. Die Verbindung zu Lichtwesen und göttlicher Energiearbeit sind eben auch nur *ein* Aspekt des Menschseins und nicht die vollständige Wahrheit. Identifizierung, womit auch immer, ist auf längere Sicht immer eine Falle. Tantra bedeutet, im Herzen präsent zu sein und die Verbindung von Körper, Geist und Seele in täglicher Achtsamkeit zu pflegen. Dabei ist es nur natürlich und naheliegend, mit dem zu beginnen, was unmittelbar vor uns liegt und was viele spirituelle Menschen so gerne negieren: diese Erde, dieser Körper und unsere Herkunft.

> *„Die zehntausend Meilen weite Reise beginnt mit dem ersten Schritt." (Laotse)*

Viele Menschen versuchen Glück und Erleuchtung in spirituellen Dimensionen zu finden, weil sie sich hier in dieser Welt weder zuhause noch besonders wohl fühlen. Spirituelle Menschen neigen oft dazu, das Leben auf diesem Planeten auf irgendeine Weise abzulehnen. Oft beginnen sie zu meditieren und sich für Gott und das Jenseitige zu interessieren, weil sie mit sich und dieser Welt nicht zurechtkommen.

Man kann das Ganze aber auch umgekehrt betrachten. Spirituelle Menschen haben es nicht gerade leicht auf diesem Planeten. Durch ihre Sensibilität, dem kompromisslosen Anders-Sein und der lästigen Eigenschaft alles in Frage zu stellen, waren und sind sie immer wieder der Gesellschaft und den Mächtigen ein Dorn im Auge. Wir brauchen uns nur an ein paar Beispiele der „Spitze des spirituellen Eisbergs“ zu erinnern: Jesus wurde gekreuzigt, Osho und Sokrates vergiftet und Timothy Leary, der wesentlich mitwirkte am Bewusstseinssprung der Sechziger Jahre, wurde seinerzeit, ausgerechnet von Richard Nixon, als der gefährlichste Mann des Planeten bezeichnet. Umstritten waren sie zu Lebzeiten alle, diese Rebellen, die ihrer Zeit voraus waren.

In vielen schamanischen Traditionen spricht man von einer zweiten Geburt, die jeder Mensch erleben muss, um wirklich präsent, geerdet und mit offenen Sinnen hier in diesem Körper auf diesem Planeten Erde zu leben.

Tantra ist keine Religion des Glaubens, sondern eine lebendige und praktische Möglichkeit für bedingungsloses Vertrauen und persönliche Erfahrung. Und es beginnt ganz konkret in den Füßen, Beinen und in unserem Becken.

„Entspanne Dein Arschloch.“ (Nirvata)

Haben Sie es schon mal bemerkt? Wenn der Anus angespannt ist, verteilt sich die Spannung augenblicklich über den ganzen Körper. Und nicht nur das, auch unsere Gefühle und Gedanken fühlen sich irgendwie verdreht an. Ich möchte an dieser Stelle auf die Möglichkeit hinweisen, dass die meisten Menschen ihren täglichen Stress um mindestens die Hälfte reduzieren könnten, wenn sie diesem zentralen Basispunkt ihres Körpers täglich ein wenig Achtsamkeit schenken würden. So kurios es klingen mag, aber den Anus zu entspannen, ist eine Meditation, die wir zu jeder Zeit und an jedem Ort praktizieren können. Die unmittelbaren Resultate dieser Übung sind in den meisten Fällen enorm. Wenn es denn eine tantrische Technik für das 1. Chakra gibt, dürfte dies die erste und effektivste Methode sein, in der Gegenwart anzukommen und sich ganz physisch in den lebendigen Augenblick „hineinzuentspannen".

Es klingt absurd, aber durch eine gute Erdung und eine entspannte Basis können wir in kürzester Zeit etwa fünfzig Prozent der Spannungen unserer Körpers loslassen, ohne jemand anderes zu werden, unser Leben zu verändern bzw. viel Zeit und Energie für ein ausgeklügeltes Therapieprogramm zu investieren. Die Spannungen fließen einfach durch die feinen Meridiane des Beckens, der Beine und der Füße aus unserem Körper heraus. Wir fühlen uns geerdet, verbunden und in unserem Körper zuhause.

> *„Die beste Methode, sich von Spannungen zu befreien, ist nichts zu tun." (Samuel Widmer)*

Meine Empfehlung ist also folgende: So oft es geht, in unserem Alltag nachspüren, ob unser Anus entspannt ist und ob wir Kontakt mit der Erde haben.

Übung
Eine optimale Übung besteht darin, auf einem Stuhl zu sitzen und nichts zu tun. Die Füße berühren mit der ganzen Sohle den Boden. Wir sitzen dabei auf den so genannten Sitzhöckern unseres Gesäßes, wodurch sich der Anus ganz von selbst lockert und entspannt. Testen Sie doch einfach mal die unmittelbare Wirkung auf Ihr Wohlbefinden. Oder fangen Sie wie beim Autogenen Training einfach mit dem Gegenteil an: Fläzen Sie sich doch einmal mit übergeschlagenen Beinen auf ihr Kreuzbein, während lediglich die Zehenspitzen den Boden berühren. Fühlen Sie sich möglichst cool und selbstsicher dabei. Gerne können Sie in dieser Haltung auch zusätzlich noch eine Zigarette rauchen, telefonieren und ihre Kontoauszüge ordnen. Doch für einen Moment bitte ich Sie, einfach mal kurz anzuhalten und auf Ihr Körperempfinden zu achten. Wie Sie den Kontakt mit sich selbst wahrnehmen und wie sich speziell Ihr Körper dabei anfühlt. Und jetzt wechseln sie bitte in die zuvor beschriebene Haltung. Lassen Sie sich aufrecht und entspannt auf Ihren Sitzhöckern nieder, den Anus dazwischen loslassen und entspannt beide Fußsohlen fest auf dem Boden ankern. Vielleicht nehmen Sie auch wahr, dass sich Ihre Wirbelsäule von unten nach oben ganz von selber aufrichten möchte.
Folgen Sie doch einfach diesem Impuls. Vielleicht entspannt sich daraufhin Ihre Atmung ganz von

selbst, wird tiefer und voller, ohne dass sie irgendetwas manipulieren müssen. Bleiben Sie einfach achtsam. Und wenn Sie den Unterschied einmal raushaben, dann nehmen sie sich einfach den Rest des Alltags vor: Egal wo sie sind und was Sie gerade machen, im Auto, beim Kundentermin, beim Abendessen mit der/dem Liebsten in einem feinen Restaurant. Beobachten Sie einfach den Unterschied. Und beobachten Sie in gleicher Weise die menschliche Neigung, immer wieder in die alten Gewohnheiten zurückzufallen.

Dies ist meiner Erfahrung nach die einfachste und effektivste Arbeit für das erste Chakra, um sich im Alltag mühelos und entspannt mit der Erde, dem Körper und unseren irdischen Energiequellen zu verbinden. Und was hat all das mit Tantra zu tun? Merken Sie es denn nicht? Der erste Schritt ist getan. Die Verbindung ist hergestellt. Gelöst und natürlich.

2 War da noch was?

Wenn Sie Ihrem Mann täglich
einen blasen und ihn bedingungslos
bewundern, bleibt er Ihnen vielleicht
ein Leben lang treu.

Jerry Hall, Ex-Frau von Mick Jagger

FRÜHER DACHTE ICH IMMER, dass Frauen eigentlich keinen Sex mögen. Was weiß ich, woher ich das hatte. Ich dachte, Frauen machen einfach alles mit, damit sie Männer zufriedenstellen können. Wie in der Rama-Werbung. Später glaubte ich zu wissen, dass Frauen sehr wohl Sex mögen. Und mittlerweile bin ich mir wieder gar nicht mehr so sicher. Aber eins nach dem anderen. Wenn man bedenkt, dass die gesamte, durchschnittliche Zeit aller Orgasmen einer deutschen Frau im ganzen Leben etwa fünfzig Minuten beträgt, ist der Stress mit dem Sex eindeutig zu groß.

Was weiß „man" denn allgemein schon über die weibliche Sexualität, wenn man sich noch nicht mit Tantra und dem weiblichen Orgasmus beschäftigt hat? Die Erregungskurve ist halt anders bei den Frauen, und sie brauchen ein bisschen mehr Zeit bis sie in die Gänge kommen. Also muss der Mann sich ein bisschen zurückhalten, ein gelungenes Vorspiel inszenieren und es der Frau, wenn es geht, noch ein wenig länger richtig besorgen, bis sie schließlich auch kommt. Manchmal lässt man sich noch ein paar ausgefallene Techniken einfallen und kümmert sich ausgiebig um die Klitoris, sofern man sie findet. Im besten Falle springt dann auch ein klitoraler Orgasmus für sie heraus. Oftmals ist dieser Orgasmus aber lediglich eine lustvolle Überreizung der Nerven an den Geschlechtsorganen, die sich ja zwangsläufig bei so viel Reibung irgendwann entladen müssen.

Vielleicht haben Männer und Frauen wegen dieser Überreizung auch häufig so einen gequälten Gesichtsausdruck beim Sex. Wer weiß? Und wieso ist eigentlich am nächsten Tag trotzdem wieder dicke Luft? Wo es doch richtig gut war! Und so zieht sich der Mann tags darauf wieder in seine Arbeit, vor die Glotze oder in seine Höhle zurück. Die Frau macht inzwischen sauber und führt Selbstgespräche: „Er liebt mich nicht! Ich bin nicht schön genug, nicht schlank genug, nicht geil genug, und befriedigt bin ich schon gar nicht. Der Typ ist wirklich das Letzte. Ist danach wieder gleich eingeschlafen. Soll *es* das sein?"

Ein guter Augenblick für einen kurzen historischen Schwenk: Wenn man sich für Geschichte interessiert, kann man neben unzähligen Kriegen, Schlachten und Grausamkeiten auch herauslesen, dass es viele Kulturen gab, in denen die ursprüngliche Kraft der Frauen im Mittelpunkt des politischen und kulturellen Geschehens stand. Schließlich aber kam das männlich dominierte Christentum und räumte mit diesen „heidnischen Gedanken und Bräuchen" ziemlich gründlich auf. Es erklärte die Frauen zu Menschen zweiter Klasse, den Sex zur Sünde, und schuf damit eine verhängnisvolle Konditionierung. Weibliche Sexualität, die Verbindung zu Heilkräften und nicht zuletzt das Geheimnis der geistigen und natürlichen Empfängnisverhütung wurde den Frauen, im Namen eines männlichen Gottes, regelrecht ausgetrieben. Das ist natürlich nichts wirklich Neues. Das kann man inzwischen überall nachlesen.

Mittlerweile mag zwar annähernd eine gewisse soziale Gleichberechtigung existieren, aber die Versöhnung von Yin und Yang, von weiblicher und männlicher Energie, hat definitiv noch nicht stattgefunden. Mann und Frau sind in Wirklichkeit noch nicht zusammengekommen. Und dies wird auch nicht geschehen, solange uns unbewusste Ängste und Denkstrukturen beherrschen und wir sowohl die Gleichwertigkeit als auch die Unterschiedlichkeit von Mann und Frau nicht wirklich verstehen, respektieren und ehren.

Wenn wir uns an die Chakren erinnern, ist die sexuelle Energie von Männern und Frauen unterschiedlich gepolt. Der Mann hat seinen Pluspol im Penis und den Minuspol im Herzbereich. Bei der Frau ist es umgekehrt: der Minuspool in der Vagina, der Pluspol im Brustbereich. Betrachtet man die körperlichen Unterschiede der Geschlechter, ist dieses Modell sehr nahe liegend. In einer erfüllten Sexualität öffnet man sich für den natürlichen Energiefluss zwischen diesen Zentren. Es entsteht ein Kreis von Geben und Empfangen, ein Wechselspiel von Aktivität und Hingabe. Nichts gegen den guten alten, heißen Sex. Verstehen sie mich nicht falsch. Aber irgendwie kommt es mir so vor, als ob fünfunddreißig Jahre nach der sexuellen Revolution und trotz des überaus offenen Umgangs mit Sex in den Medien bis heute unsere innere Sehnsucht nach wirklicher sexueller und sinnlicher Befriedigung definitiv nicht erfüllt ist.

Die Buchläden sind voll mit erotischen Ratgebern. Für eine frivole Anregung oder einen geilen Kick sind manche Tipps auch brauchbar, aber wirklich neu, geschweige denn befreiend und erlösend, sind diese Informationen selten. Kollektiv uninformiert wird weiter unbewusst gevögelt und oft genug nur deshalb, weil in der Beziehung gerade Überdruck herrscht. Doch Tantra hält sich zurück mit voreiligen Bewertungen, schließlich hat vor fünfunddreißig Jahren unser lieber Oswald Kolle schon ausreichend auf den ehehygienischen Aspekt der Sexualität hingewiesen.

In der deutschen Komödie „Rossini“ sagt Mario Adorf in der Rolle des Titelhelden: „ … man kann sein Auto lieben oder seinen Hund, aber doch nicht seine Frau.“ Leider kommt er da der Wirklichkeit erschreckend nahe. Viele Menschen ziehen einem persönlichen Kontakt mittlerweile immer öfter die Flirt-Chats im Internet vor. Einsamer Sex vor dem Computer ist längst keine Seltenheit mehr. Dabei sind persönlicher Kontakt und zärtliche Berührung doch ganz grundsätzliche Bedürfnisse unseres Mensch-Seins. Doch leider macht uns die Liebe auch verletzbar. Und unsere Kultur ist nicht besonders gut darin, Menschen dabei zu unterstützen, ihre Enttäuschungen und Verletzungen zu verarbeiten und gestärkt wieder daraus hervorzugehen. Viele Menschen geben sich dementsprechend mit Ersatzbefriedigungen zufrieden, um ja nicht mehr wirklich „berührbar“ zu werden. Schmerzen werden in eingefrorenen Herzen versteckt und die Persönlichkeit steht nach außen lieber gut da als sich tatsächlich gut zu fühlen.

Es kann also auch keine Lösung sein, die ganze Sache zu vermeiden. Lieber keinen als schlechten Sex zu haben, zeugt zwar von einem gesunden Selbstverständnis, aber sich auf die Dauer nur auf die isolierende Ebene der Ersatzbefriedigungen zu begeben kann es ja wohl auch nicht sein. Während uns also die Medienwelt mit sexuellen Reizen (und einer äußerst fragwürdigen Doppelmoral) fast schon erschlägt und die Pornoindustrie weltweit ca. 1 Milliarde Euro jährlich umsetzt, verliert die eigentliche Sache offenbar an Reiz.

„Es ist noch niemand an einem Mangel an Geschlechtsverkehr gestorben. Bisher gibt es auch keinen Beweis dafür, dass Menschen, die enthaltsam leben, neurotischer oder sonst irgendwie gestörter sind als andere."
(Germaine Greer)

Sex ist bekanntlich das „Natürlichste auf der Welt". Einen schöneren und einfacheren Weg, um sich im Körper wohl zu fühlen und mit seiner natürlichen Quelle in Verbindung zu kommen, gibt es auf dieser Welt nicht. Wenn wir Menschen sonst schon ziemlich planlos auf diesem Planeten herumlaufen, ist es doch der Sex, der uns mit unserer natürlichen Kraft und mit unserer Göttlichkeit in Verbindung bringen kann.

Die Vertreter des Christentums wollen uns unterdessen selbst im 21. Jahrhundert noch verkaufen, dass der Sex nur ‚zum Kinder machen' da ist. Zwischen diesen Weltbildern steht der Mensch und macht sich dabei vor, er wäre genügend aufgeklärt und wüsste alles über Sexualität. Und wundert sich gleichzeitig darüber, warum die eigentliche Sache eher selten ekstatisch und befriedigend abläuft. Ganz im Gegenteil: Unser unbewusster Umgang verwandelt den Sex in eine Quelle unzähliger Konflikte. Ein Blick in die Tageszeitung oder auf eine der Statistiken, wie viele Gewaltverbrechen und Morde aus Eifersucht und sexuellen Motiven geschehen, genügt, um sich dieses schauderhafte Phänomen zu verdeutlichen.

Die kreative, verjüngende und beglückende Schöpfungskraft der sexuellen Energie dagegen liegt in vielen Betten nahezu brach. Über das unerklärliche, unglaubliche und doch alltägliche Wunder der Zeugung eines neuen Menschen zu staunen gibt uns manchmal vielleicht ein Gefühl dafür, mit welch unglaublichen Kräften wir es eigentlich zu tun haben. Schließlich ist Sex immer auch ein Schöpfungsakt, selbst wenn kein Kind gezeugt wird.

Über die Konsequenzen von verantwortungslosem Sex auf den Energie- und Emotionalkörper des Menschen steckt die Forschung noch ebenso in den Kinderschuhen wie bei den tatsächlichen Ursachen der zahlreichen Geschlechtskrankheiten. Doch dieses Thema führt im Augenblick zu weit. Häufiger Partnerwechsel kann's ja auch nicht wirklich sein. Es gibt eine ungeschriebene Regel, die besagt, dass man nach dreimal Sex mit der gleichen Person eine Beziehung hat. Dann beginnen die feinen Energiefäden sich im energetischen System des anderen zu verteilen. Und diese kleinen Teilchen flüstern unentwegt: „Psst, hör mal her, du gehörst jetzt mir und ich gehöre jetzt dir" und beeinflussen damit unbewusst unser Denken, Fühlen und Handeln.

Während es bei gewöhnlichem Sex u.a. um geschickte Stimulation, wechselnde Stellungen und möglichst viel Ausdauer geht, liegt der Fokus beim tantrischen Sex eher auf der feineren Sprache der Schwingungen. Man könnte auch sagen, dass dies der Unterschied von rein genitalem und ganzheitlichem Sex ist. Letzterer bezieht sowohl den ganzen Körper, alle Emotionen und Gefühle, das Herzchakra, und damit eben die Intuition und die feineren Energiekanäle, mit ein. Aber ganzheitlicher Sex lässt sich nicht manipulieren und tantrische Ekstasen erst recht nicht. Wir müssen schon Schritt für Schritt vorgehen und dort beginnen, wo wir jetzt mit unserer Sexualität stehen. Und wir sollten uns zuerst für das sexuelle Wesen, das wir geworden sind, und dessen lebendigen Ausdruck in unserem Leben anerkennen und lieben.

Dabei wird uns möglicherweise erst bewusst, dass gerade im Sex die Qualität einer Partnerschaft bzw. die Identität der beiden Partner unverblümt und offensichtlich zum Vorschein kommt. Nackt und unverfälscht: Das Muttersöhnchen schläft mit seiner Mami und der Macho besorgt es seiner Hure.

Umgekehrt prägen alle Gedanken, Gefühle und Seins-Zustände, sprich alle Schwingungen während des Aktes, wiederum die Qualität der Partnerschaft; eigentlich doch ganz nahe liegend.

„Make love, not war." (Spruch aus der Hippiezeit)

Solange man noch nicht so geübt darin ist, die feineren Schwingungen zwischen sich und seinem Partner wahrzunehmen, kann man sich auf einen einfachen Test verlassen: Wie fühlt es sich danach an?! Genauso, wie im Alkoholrausch die Wahrnehmung etwas verzerrt sein kann, ist man während des Geschlechtsverkehrs nicht wirklich bewusst. Die Lust und die gegenseitig erzeugte Hitze und Erregung sind in der Regel einfach zu dominant. Danach kühlt sich alles etwas ab und es liegen zwei Menschen ganz nah zusammen. Wenn es gut war, ist es jetzt fast noch besser. Die Freude über das gemeinsam Erlebte und das Geschenk des liebevollen Zusammenseins zu teilen ist eine besondere Gnade des Lebens. Wenn es nicht wirklich gut war, wird man es jetzt umso mehr fühlen.

Jeder kennt sicher die klassische Konstellation, dass sich der Mann erschöpft auf die Seite dreht und einschläft, während die Frau hellwach daliegt und sich denkt, was das Ganze eigentlich soll. Was wir gewöhnlich unter Sexualität verstehen, ist lediglich ein winziger Ausschnitt des ganzen Spektrums, eine Möglichkeit von vielen. Doch viele Menschen erleben in ihrer Partnerschaft, dass die fixierte, von äußeren Reizen abhängige Art miteinander Sex zu haben, zwangsläufig in eine Sackgasse führt. Nichts dagegen zu sagen, alles mal auszuprobieren. Warum auch nicht zusammen mal einen Pornofilm ansehen oder Sexspielzeuge benutzen. Der Haken dabei ist, dass dieser ganze Trip möglicherweise irgendwann zur Sucht wird und dementsprechend immer stärkere Reize verlangt, um uns anzutörnen. Und eines Tages funktionieren sogar die nicht mehr. Spätestens dann wird es Zeit nach innen zu schauen.

> *„Herzt eure Öffnungen, öffnet eure Herzen."*
> *(Lilo Wanders)*

Erinnere ich mich an die ersten Schritte meiner eigenen sexuellen Entwicklung, dann wundert mich überhaupt nichts mehr. Im Elternhaus war Sex natürlich ein großes Tabu. Ich habe meine Eltern bis heute noch nie nackt gesehen, sah sie nie zärtlich miteinander und kann mir im Leben nicht vorstellen, dass sie Sex miteinander haben bzw. hatten. Völlig ausgeschlossen. Aber? Ich sitze immerhin hier und es sind schließlich meine Eltern. Ist das nicht eines der unglaublichsten Mysterien des Lebens?! Alle Eltern haben Sex gehabt!

Mein erster Geschlechtsverkehr jedenfalls war ein Fiasko. Wir waren beide vierzehn, wollten es unbedingt tun und es lief alles daneben, was nur falsch laufen kann. Der jugendliche Schwanz blieb schlapp vor lauter Aufregung, während das chemische Verhütungsmittel vor sich hin schäumte. Aber irgendwann hatten wir den Dreh dann doch raus und in den großen Ferien kamen wir nicht mehr aus den Federn. Unsere

Frustration mit Verhütungsmitteln führte dazu, dass wir es meistens „ohne alles" trieben und ich die Technik des Aufpassens dabei perfektionierte. Irgendwann berichtete mir meine Flamme, dass ihre Periode nicht kam – und das seit einer Woche schon. Genau in diesen äußerst angespannten Tagen kam mein Vater nach dem Mittagessen auf mich zu; er hätte mich Händchenhalten gesehen mit einem Mädchen und wollte mit mir über einige Dinge sprechen. Ich glaube, wir waren beide erleichtert, als ich ihm schließlich signalisierte, dass ich kein Gespräch mit ihm darüber wünsche. Jedenfalls kam die Periode wieder und wir passten danach noch ein bisschen besser auf.

Es gibt einen netten Satz über junge Männer, den ich immer wieder mal höre: „Sie wissen nicht, was sie tun, aber sie tun es." Nach diesem Motto vergingen die Jahre und verwirrt war ich ohnehin genug. Mit siebzehn bestand mein größtes Vergnügen darin, mir bekifft in der Badewanne einen runterzuholen und dazu lautstark „Can you hear me knocking" von den Rolling Stones zu hören. Und ein wenig später und um einige Erfahrungen reicher traf ich dann die große Liebe. Am Anfang ging alles von selber und wir waren ständig verzückt voneinander. Nach etwa einem halben Jahr allerdings, als sie plötzlich meinen Sex in Frage stellte, löste sie damit eine gewaltige Identitätskrise in mir aus.

Mir war zuvor nie wirklich bewusst gewesen, dass ich mich über meine Art mich sexuell auszudrücken als Mann identifizierte. Mein Ego befand sich in großen Schwierigkeiten. Alles war doch in Ordnung gewesen. Sie bedeutete mir viel und deshalb ließ ich ihr Feedback an mich heran. Und es wurde noch schlimmer: Sie empfahl mir, mich doch mal mit Tantra zu beschäftigen, und drückte mir ein Buch von Margo

Anand Naslednikow, „Tantra – Der Weg der Ekstase“, in die Hand. Nun stimmte plötzlich überhaupt nichts mehr. Tantra und der Gesang vom Mahamudra als Weg zur Erleuchtung waren ja ganz okay, aber nicht mehr ficken und abspritzen, wie ich es seit Jahren gewohnt war, erschien mir völlig unakzeptabel. Ich war in der Klemme. Und am Beginn einer größeren sexuellen Krise, weil mein Mädchen plötzlich nicht mehr jederzeit mit mir schlafen wollte. Schließlich las ich das Buch. Immerhin ahnte ich ja längst, dass es mehr geben müsste. War schon sehr außergewöhnlich, was die Autorin alles so schrieb. Über ihren eigenen Lebensweg, ihre Entwicklung zu einer der ersten und bedeutendsten Tantra-Lehrerinnen in Europa, und schließlich ihre Begegnung mit Osho in Indien, dem tantrischen Meister, vor dem sie kapitulierte und sich selbst eingestand, dass sie völlig am Anfang stand. Zumindest das hatten wir gemeinsam. Der zweite Teil des Buches bestand aus verschiedenen Methoden und Möglichkeiten, die Kundalini zu aktivieren und sexuelles Tantra in die Praxis umzusetzen. Na ja, um es kurz zu machen: Auf das Buch hin buchte ich einige Rebirthing-Sitzungen bei einem Therapeuten und legte meiner Süßen nahe, dies auch zu tun. Schließlich war es doch ein gemeinsamer Entwicklungsprozess. Daraufhin verliebte sie sich in den Rebirther und mir blieb die Luft weg.

Mein erste praktische tantrische Erfahrung kam dann etwas später, völlig unbeabsichtigt, aus dem Nichts quasi. Ohne irgendetwas dafür zu tun, besonders tief zu atmen oder irgendwelche bewusstseinserweiternden Drogen zu uns zu nehmen, öffneten sich plötzlich bisher ungeahnte Räume von Liebe und Sinnlichkeit, und der Sex wurde ganz weich, entspannt und dehnte sich über Stunden hin aus, ohne die

Notwendigkeit, einen Orgasmus zu erreichen. Der kam trotzdem irgendwann, aber zum ersten Mal nicht durch hohe Erregung, Lust und Aktivität, sondern aus tiefster Entspannung.

Es war wie eine Metamorphose, wie eine Verwandlung in einen höheren Seins-Zustand. Das kindliche Beharren auf meiner bisherigen Identität als Mann löste sich darin ebenso auf, wie die Zeit und der Raum um uns herum. Es war wie eine Initiation, eine Einweihung, eine Offenbarung. Mein altes und gewohntes sexuelles Verhalten kehrte natürlich wieder zurück, aber ich wusste jetzt aus eigener Erfahrung, dass es noch mehr gab.

> *„Fange niemals an aufzuhören. Höre niemals auf anzufangen." (Michael Reimann)*

Ekstatische Erfahrungen sind meiner Ansicht nach so etwas wie „göttliche Gnade". Viele Menschen sind einen großen Teil ihres Lebens auf der Jagd nach solchen außergewöhnlichen Erfahrungen. Kommt man einmal in den köstlichen Geschmack einer solchen, begibt man sich in der Regel auf die Jagd, um diese Erfahrung zu wiederholen. Wie viele andere spirituelle Abenteurer aus meiner Generation war ich eine Zeitlang regelrecht süchtig nach sexueller Ekstase, spirituellen Offenbarungen und Räumen von erweitertem Bewusstsein. Ich glaubte sogar daran, dass der Durchbruch darin bestand, immer in diesem „Zustand" zu sein.

Die Vorstellung, sich mit dem normalen Alltagsbewusstsein abzufinden und damit Frieden zu schließen, war jedenfalls nicht erstrebenswert. Erleuchtungserlebnisse, Leidenschaft und Ekstase sollten der tägliche Aufstrich auf meinem Frühstücksbrot sein. Dass auch dies eine süchtige Haltung war, die ganz entschieden vom Hier und Jetzt wegführt, war mir noch längst nicht bewusst. Die Balance zu finden zwischen der natürlichen Sehnsucht nach tollen Erfahrungen und dem Frieden mit dem gewöhnlichen Alltagsbewusstsein, ist auch heute noch eine tägliche Achtsamkeitsübung für mich. Der beste Weg besteht möglicherweise darin, erst einmal zu entspannen, loszulassen und hinzuspüren, was die Existenz mir im Augenblick anbietet.

Manchmal gibt es auch Tage und Wochen ohne Sex, ohne Liebe und mit wenig Energie. Heute weiß ich, dass daran nichts falsch ist. Gerade was den Umgang mit sexuellen Gipfelerfahrungen betrifft, ist es sehr ratsam, diese Geschenke wieder gehen zu lassen und erneut leer zu werden. „Der hohle Bambus …“ ist eine schöne Metapher, die sich durch Oshos wunderbare tantrische Erläuterungen zieht wie eine orangene Schnur. Immer wieder leer zu werden hilft uns auch dabei, Gelassenheit zu lernen.

Das Pendel des Lebens scheint alles perfekt auszugleichen, und dass auf jeden Gipfel auch ein Tal folgt, ist eines der offensichtlichsten Gesetze auf diesem Planeten. Warum also nicht gleich entspannen? Schließlich erhält eine entspannte innere Haltung unsere natürliche, spielerische Neugierde auf das, was als Nächstes passiert, und wie es uns damit gehen wird. Der Verstand mag es nicht so gerne, wenn nichts passiert und wenig Energie zur Verfügung steht. Oft genug reagieren wir dann mit Widerstand und denken, wir müssten irgendetwas tun. Wer mit einem guten Urvertrauen gesegnet ist, hat es schon etwas leichter. Alle anderen müssen sich womöglich erst durch ein Sammelsurium von Ablenkungen, Ängsten und Süchten durch das Tal hindurchmogeln.

Wer bereit ist, jederzeit anzuhalten und zu fühlen, was gerade präsent ist, braucht nicht immer einen guten Eindruck zu machen. Wenn Ärger und Wut mit ins Spiel kommen, ist nichts dagegen zu sagen, sich erst mal ordentlich auszukotzen. Am besten ganz für sich mit einem Kissen, lauter Rockmusik oder der Dynamischen Meditation. Dann aber hartnäckig und stur dabei zu bleiben schafft meistens eine fragwürdige Identität. Besonders in Beziehungen werden Konflikte, die auf „Recht haben" beruhen, irgendwann absurd. Lieber einen Schritt weitergehen und sich mit der Leere anfreunden. Die Existenz weiß es ohnehin besser. Das ist kein Konzept, auf das wir uns verlassen können, wenn wir nicht mehr weiterwissen, sondern eine innere Wahrheit, auf die wir uns verlassen können, wenn wir aufhören selbst die Bedingungen zu stellen.

Tantra bedeutet ganz schlicht, in die Weisheit des Lebens zu vertrauen und sexuelle Energie, Liebe und Meditation zu verbinden. Meine wichtigste Empfehlung für Paare, die über die gewöhnliche, konditionierte Sexualität hinausgehen wollen und sich für den tantrischen Weg interessieren, besteht nicht darin, ein bestimmtes Ritual zu praktizieren oder ein Seminar zu besuchen, sondern sich erst einmal gemeinsam zu entspannen, nichts zu tun und sich zu erlauben, diesen Raum der Leere gemeinsam zu erfahren.

Paare, die mit Meditation vertraut sind, haben es in der Regel leichter, mit dem Auf und Ab in einer Beziehung bzw. mit dem natürlichen Rhythmus von Nähe und Distanz umzugehen. Meditation ist sehr hilfreich dabei, negative Gefühle auszuhalten, bei sich selbst zu bleiben und in Konfliktsituationen nicht gleich automatisch auf den anderen zu reagieren. Die folgende Empfehlung würde ich noch nicht einmal Meditation nennen.

Übung

Legen Sie sich, in bequemer Kleidung, einfach mit Ihrem Partner bzw. Ihrer Partnerin auf das Bett oder eine andere bequeme Liegewiese. Legen Sie sich nebeneinander und tun Sie ausnahmsweise einfach mal nichts. Auch nicht berühren oder kuscheln. Lassen Sie etwas Abstand zwischen sich, aber bleiben sie so nahe, dass sie in einem gemeinsamen Energiefeld liegen bzw. sich für die Energie des anderen öffnen und sie erspüren können. Bleiben Sie mindestens eine Stunde so liegen.
Wenn Sie mit ihrem Partner liegen, entspannen und nichts tun, achten Sie bitte darauf, dass Sie nicht (oder nur kurz, bis Sie es bemerken) abschweifen. Bleiben Sie wach, entspannt, und dabei der Gegenwart Ihres Partners voll bewusst. Die Augen können ruhig geschlossen bleiben. Entspannen Sie sich gemeinsam und erlauben Sie dem gemeinsamen Energiefeld, sich in seiner natürlichen Zeit zu finden, ohne dieses stille, innere Annähern durch Ihre Gedanken, Absichten und Handlungen zu stören oder zu forcieren.
Es ist der wichtige erste Schritt im Tantra, dass Paare lernen miteinander nichts zu tun, so kurios das auch klingen mag. Alle Impulse, sich zu berühren und zu liebkosen, sollten weder aus gedanklichen Konzepten, dem eigenen Willen oder dem Begehren kommen, sondern aus dem gemeinsam kreierten Raum der Stille. Sobald der

Verstand sich einmischt oder die Erregung zu stark wird, ist es immer wieder ratsam, sich zu entspannen und in diesen Raum des Nicht-Tuns zurückzukehren.

Sich für Tantra zu öffnen bedeutet für die meisten Menschen, eine völlig neue Sprache zu lernen. Der erste Schritt, um diese neue Sprache der tantrischen Begegnung mit sich selbst und dem anderen zu erlernen, besteht darin, sich zu entspannen, leer zu werden und nichts zu tun.

3 Are you experienced?

Nicht gute Bedingungen erzeugen Glück,
sondern Glück erzeugt gute Bedingungen.
Peter Russell

SO GANZ LÄSST ES SICH natürlich nicht nachvollziehen, wann und wie es begann mit dem Tantra. Aus verschiedenen Schriften geht hervor, dass sich etwa 5000 v. Chr. aus dem Kult um den Hindu-Gott Shiva und seiner weiblichen Entsprechung Shakti eine Bewegung namens Tantrismus entwickelt hat. Aus diesen Ursprüngen schließt man auch darauf, dass Tantra eine Wissenschaft ist, die die sexuelle Energie durch bestimmte Riten und Praktiken zum geistigen Wachstum bis hin zur höchsten Erleuchtung transformiert. Es muss eine Zeit der Hochblüte gewesen sein, in der so hohe Mystiker wie Buddha oder Laotse auf der Erde wandelten und Tantra sich entwickeln konnte. Shiva, zugleich Zerstörer und Erneuerer, wurde als der Inbegriff reinen und vollkommenen männlichen Bewusstseins angesehen.

Auf allen Abbildungen sehen wir ihn im Zustand höchster Ekstase und Verzückung. Erst in der Vereinigung mit Shakti, seiner weiblichen Entsprechung, konnte die männliche Gottheit ihre Wirksamkeit voll entfalten. Shakti ermöglichte eine Manifestierung des Göttlichen im Sicht- und Begreifbaren. Durch ihre sexuelle und spirituelle Vereinigung erschufen Shakti und Shiva das Universum. Dieser tantrische Tanz, das göttliche Spiel, beginnt als Schöpfungsakt und aus dem Streben nach Einheit immer wieder von vorne.

Die Welt ist aus Ekstase entstanden, nicht aus Leid. Das Geburtsrecht der Menschen ist Lust, Schönheit und Glück, nicht das vorherbestimmte Schicksal machtloser Sünder gegenüber eines strafenden Gottes. Etwa 2000 v. Chr. kamen Strömungen des Tantrismus, besonders durch den Kult um den griechischen Gott Dionysos, auch erstmals in den Westen. Da die Askese des Buddhismus und die Tradition des klassischen Hinduismus sich nicht in Einklang bringen ließen mit den teilweise orgiastischen Praktiken der Tantriker, wurde die tantrische Weisheit vorwiegend als Geheimlehre von Tantra-Meistern bzw. Meisterinnen an ausgewählte Schüler weitergegeben.

Diese lebendige Tradition besteht heute noch und gibt dem Begriff „authentisches Tantra" seine wirkliche Bedeutung. Dieser Tatsache ist es vermutlich auch zu verdanken, dass Tantra nie zu einer organisierten und etablierten Religion werden konnte und sich seine Wildheit und Ursprünglichkeit bis zum heutigen Tag erhalten hat. Eine Annäherung an die traditionellen Religionen begann erstmals wieder um 500 n. Chr. Unter dem Einfluss verschiedener Yoga-Kulte begann sich in mehreren Regionen Indiens, Nepals und Tibets der klassische Buddhismus mit tantrischen Lehren und Praktiken zu vermischen. Es entstand eine neue Blütezeit des Tantra.

Endlich wurden diese Lehren für viele lebensfrohe Wahrheitssucher zugänglich. Ein Teil der höheren indischen Gesellschaftsschicht adaptierte die freiere Sicht des Tantra sogar, um ein Leben in Vergnügen und Ausschweifung führen zu können. Es begann eine Zeit, in der zahlreiche erleuchtete, hohe tantrische Meister, vor allem in Kaschmir und Tibet, lebten und wirkten. Ihnen gemeinsam war eine Art „verrückte Weisheit" und ein Lebensstil, der so gar nicht mit den

Lehren der traditionellen Religionen einherging. Auf intellektuelle Weise sind Schriften wie der „Gesang des Mahamudra", mit dem der tibetische Tantra-Mystiker Tilopa seinen Schüler Naropa in die höchste Wahrheit einweihte, nicht nachzuvollziehen. Da war beispielsweise die Rede davon, mit dem „eigenen Geist den eigenen Geist zu betrachten und den Nicht-Sieg zu erlangen".

Für den männlichen Verstand wahrlich ein verwirrender Stoff. Die Bereitschaft des Schülers, diese Einweihungen zu empfangen, wird im Tantra als mindestens ebenso bedeutsam wie die Verwirklichung des Meisters betrachtet. Mahamudra heißt wörtlich übersetzt so viel wie „die große Geste", der kosmische Orgasmus, die Vereinigung mit der gesamten Existenz. Weitere große Meister dieser Linie waren Marpa und Milarepa, die auch heute noch in verschiedenen Strömungen des tibetischen Buddhismus tief verehrt werden. Die strengen Strukturen des Hinduismus und die asketische Lebensweise des Buddhismus hatten spätestens gegen Ende des 18. Jahrhunderts wieder die Oberhand gewonnen. Schließlich wurde Tantra bereits von Beginn seiner Ausbreitung an von seinen religiösen Gegnern auch als Ketzerreligion verboten und verfolgt. Dennoch konnte sich der Tantrismus und der Kult um Shiva und Shakti bis ins 20. Jahrhundert retten. Im Nachhall der Befreiung von alter Moral und dem Einfluss der Sannyas-Bewegung erlangt Tantra seit etwa 25 Jahren eine neue Renaissance im Westen.

Margo Anand ist die wohl bekannteste Pionierin und Expertin für Tantra im deutschsprachigen Raum. Seit Ende der sechziger Jahre versteht sie sich als eine unermüdliche Forscherin auf tantrischem Gebiet und hatte schließlich, wie viele andere auch, in Osho ihren Meister gefunden.

Sie verbreitete neues und altes tantrisches Wissen im Westen und bildete zahlreiche Tantralehrer aus. Das ursprüngliche Motiv ihrer Forschung war ihre eigene Sehnsucht nach Grenzüberschreitung und sexueller Ekstase.

AUF EMPFEHLUNG EINES GUTEN Freundes buchte ich Anfang der neunziger Jahre schließlich mein erstes Tantra-Seminar. Es war ein 10-tägiger Intensiv-Kurs auf Teneriffa mit Udo v. Kollitscher, der heute durch seine Satsangs im deutschsprachigen Raum als Yod bekannt ist. Seine tantrischen Lehrer waren ebenfalls Osho und Margo Anand. Ich war noch sehr jung und hatte keine Ahnung, was mich auf dem Seminar erwartet. Aber ich war heiß darauf, endlich herauszufinden, was Tantra für mich und mein Leben bedeuten könnte. Wie es mein Alltagsleben, meine Beziehungen und meine Sexualität bereichern und erweitern könnte. Nicht mehr nur als Philosophie, sondern ganz praktisch, greifbar und fühlbar.

Bei allen guten und spirituellen Absichten war mir natürlich auch klar, dass ich mir dort auch einen tollen Urlaub, schöne Frauen und guten Sex erhoffte. Und wie war es wirklich? Ich erinnere mich, dass es in erster Linie ganz schön heiß war in diesem Sommer auf den Kanaren. Udo stellte seine kleine Finca als Seminarhaus zur Verfügung. Der erste Tag verging mit dem Ankommen und Einchecken der über zwanzig TeilnehmerInnen. Alle waren natürlich aufgeregt angesichts der bevorstehenden Seminartage. Viele kannten sich schon aus anderen Kursen. Ich fühlte mich sehr nervös und war gleichzeitig voller Vorfreude. Das Abenteuer Tantra konnte beginnen.

Nachfolgend einige Auszüge meiner Tagebucheinträge aus diesen intensiven Seminartagen in Teneriffa:

24. August
Ich will hier für mich und mein Liebesleben die Mysterien des Tantra entdecken, meine Lebendigkeit und meine Sinnlichkeit erfahren und erforschen. Erstmal geht‘s vermutlich darum, wie abhängig ich so vieles von anderen mache.

25. August
Hans, mein neurotischer Zimmernachbar, hat immer seine Unterhose an, während ich nackt durch die Gegend flitze. Aber was kümmert mich Hans? Komische Leute sind das hier und mir gehen die merkwürdigsten Ideen durch den Kopf. Sollte ich nicht lieber nach Santa Cruz hochfahren und mit einer hübschen Spanierin flirten? Auf was hab ich mich denn da jetzt eingelassen? Ich habe Angst. Sabine ist eine der wenigen begehrenswerten Frauen hier. Udo sagt, das wäre nicht der Punkt, es käme darauf an, seine eigenen Hinderungen zu sehen und zu beobachten, wie man sich die Lebensenergie erlaubt oder abschnürt. Hat dieser merkwürdige Hans momentan mehr vom Leben? Wie kann so ein merkwürdiger Typ mehr Spaß und Erfolg mit Frauen haben als ich?!

26. August
Vollmondnacht. Langsam taue ich auf. Der Hamburger Wirt sitzt mit ‘ner Flasche Bier am Pool und erklärt mir, dass man nicht betrunken schwimmen darf, weil deshalb erst kürzlich drei Leute ertrunken sind. Die letzte Übung heute war ein Ritual, in dem ich mit meinem inneren Kind in Kontakt ging. Es durfte sich zeigen und sagen, was es sich von mir als Erwachsenen wünscht: Immer kommen zu dürfen, wenn was ist, alle Gefühle fühlen; Wärme, Verständnis und bedingungslose Liebe kriegen. Und die Freiheit, wieder gehen zu

können. Genährt, gestärkt und voller Drang die Welt zu entdecken, voller Lust und Neugier auf das Abenteuer Leben. Mir geht's besser, bin mit meiner Energie in Kontakt und konnte heute ein paar Dinge aussprechen, die ich bisher mit mir allein abgemacht hatte. Wir haben Kleingruppen gebildet und als Erstes sollten wir sagen, was uns beim anderen stört. Von den Frauen bekam ich als Feedback zu hören, dass sie sich von mir herabgesetzt fühlen. Es stimmt schon, ein Teil von mir ist ein arrogantes Arschloch und es steckt eine Riesen-Unsicherheit dahinter. Und wenn ich mich einfach jetzt dafür liebe, auch ein unsicheres, arrogantes Arschloch zu sein? Langsam bekomme ich eine Ahnung, was hier eigentlich abläuft.

27. August
Heute gab es eine Archetypen-Session. Es war sehr lustig. Wir haben uns als Priester, Nonnen, Huren und Machos verkleidet. Ich hab als Oberpriester die Beichte abgenommen und die Absolution erteilt. Die Rolle hat mir Spaß gemacht. „Gott sei Dir armen Sünder gnädig". In der zweiten Runde war ich ein arroganter Macho. Umgeben und angemacht von sexy bekleideten Huren. Die Polarität schlechthin, doch beide Archetypen sind in mir, der Entsager und der geile Bock. Der Moralist und der dekadente Arsch. In beiden Rollen spürte ich eigentlich Verachtung gegenüber mir selbst und anderen Menschen. Egal, ob ich ein Priester bin, der die Absolution erteilt, oder ein Macho, der eine Frau besitzt: Da ist Gewalt, Macht und Erniedrigung. Ist das unser christliches Erbe? Tief eingraviert in die Zellen und Knochen unseres Körpers. Pornografie und christliche Moral als zwei Seiten der gleichen Medaille? Udo sagt, es sei gut, diese Typen mal bewusst zu

erfahren und auszuleben, denn nur so könne man uralte Wunden heilen, sich für tantrische Erfahrungen öffnen und seine eigene Wahrheit aus dem Herzen heraus leben.

28. August
Heute Abend wurden die Männer und Frauen voneinander getrennt. Zwölf Typen gingen in den Kellerraum. Einer nach dem anderen tanzte in der Mitte des Kreises und führte einen Striptease vor, während der Rest der Meute johlte, schrie und ihn lautstark anfeuerte. Als dann schließlich alle nackt und die Energie der wilden Männer auf dem Siedepunkt war, gingen wir nach draußen ins Freie, wo sich der „Kreis der Schwänze" bildete. Diese Schwänze sind liebenswerte, empfindsame Wesen, mancher scheu und versteckt, andere ehrfurchtgebietend. Eine kraftvolle Runde. Ich genieße die wohltuende emotionale Nahrung im Kreis mit dem eigenen Geschlecht. Endlich Männer, die offen über Sex reden, wie sie zu früh kommen oder nach Stunden erst, und was das mit Angst und Vertrauen zu tun hat. Doch es wird Zeit. Nackte, aufgeregte und kreischende Frauen empfangen uns im Gruppenraum. Spannung liegt in der Luft. Udo übernimmt das Wort und meint, dass in Wirklichkeit Männer und Frauen das Gleiche brauchen: Liebe, Zeit und Zärtlichkeit. Gefühl, Ehrlichkeit und Vertrauen. Intimität und Nähe. Im Inneren berührt werden. Das Herz öffnen. Doch in Wirklichkeit benutzt man sich so oft, hört nicht auf seine wahren Bedürfnisse. Man vögelt, vollzieht den Akt, doch das Leben ist dadurch nicht reicher, nicht feierlicher, nicht ekstatischer geworden. Udo sagt, dass wir sehr viel Angst vor dieser Energie haben, dass wir sie loshaben und rauspressen wollen. Die Energie könnte aber auch gesammelt, kanalisiert und verfeinert werden.

29. August
„Such dir einen Partner für die Nacht". Es ist spät am Abend. Sabine und ich treffen uns am Pool, wo schon ein paar andere Paare im Wasser herumspielen. Schließlich gehen wir in mein Zimmer, Hans ist bei Andrea, das Appartement ein Saustall, jedenfalls alles andere als ein tantrischer Tempel. Keine Kerzen, Sabine holt welche und ich finde kein Feuer. Sabine will am liebsten wieder gehen und auch ich bin nervös. Wir sitzen am Balkon, streicheln uns und reden. Nach zwei Zigaretten gehen wir wieder hinein, Sabine ins Bad zum Föhnen. Ich frag sie, ob's okay ist, die Betten zusammezustellen. Es ist okay. Doch sie ist reserviert und ich bin auch nicht mehr geil. Sie schwankt zwischen gestreichelt werden wollen und schlafen. Ich schlafe, sie nicht. Um 6 Uhr morgens geht sie kurz runter in ihr Zimmer, weil sie den Autolärm nicht mehr aushält. Schließlich kommt sie wieder, denn dort spielt Hans mit Andrea. Bleibt aber nicht lange, weil die Nacht vorbei ist und sie nur noch makrobiotisch frühstückt. Spätestens jetzt sind meine Grenzen erreicht. Ich mache mich lustig über sie und bin nicht mal enttäuscht, als sie wieder geht. So was nennt man hier wohl Selbsterfahrung.

30. August
Mir geht's gut, ich will heut nichts mehr. Der Tanz der Sinne. Was für ein schönes Ritual. Eistropfen, die auf mein Gesicht, meinen Bauch, meinen Schwanz fallen; ein ritueller, feierlicher Platz, verbundene Augen, Jasmin, Blutorangen, Wind, Seide, Kokoslikör, Rosenöl, ein Zittern, ein Schwitzen, ein Beschenken und Beschenktwerden. Geben, empfangen, vertrauen, sich hingeben, geschälte Weintrauben, Eiswürfel, Sahne, Mangos, Sandelholz, ein kühler Atem unterm Seiden-

kimono. Sabine und ich haben viel Spaß gehabt. Und ich kann mich jetzt ganz leise vom Wind in den Schlaf streicheln lassen.

31. August
Am heutigen Tag fanden sich jeweils drei Partner, von denen ein jeder vier Stunden zur Verfügung hatte, um sich von den Mitspielern jeden Wunsch erfüllen zu lassen. Bis das Spiel endlich losging, wurden heiße Diskussionen geführt, worunter die nicht so attraktiven bzw. unbeliebteren und ängstlichen Teilnehmer auch ein wenig zu leiden hatten. Schließlich fand man sich, und meine Mitspieler hießen Sabine und Martin. Ich wünschte mir zuerst ein achtjähriger Junge zu sein. Die beiden Partner sollten inzwischen meine Eltern sein. Wir fuhren, auf meinen Wunsch hin, zuerst in die Stadt, um ein Eis zu kaufen. Mir fiel die Rolle nicht allzu schwer und in Kürze fand ich mich mit kurzer Hose und Schlapphut tatsächlich im Bewusstsein eines Achtjährigen wieder. Auf der Fahrt in die Stadt genoss ich es, auf der Rücksitzbank ganz unverblümt an mir herumzuspielen. Später stand ich überglücklich mit der Eiswaffel in der Hand an der Eisdiele, als plötzlich ein Mädchen im selben Alter auftauchte und mich mit großen Augen anstarrte. So standen wir da, ein paar Sekunden nur, blickten uns an und waren ganz verzaubert voneinander. Überall wäre ich mit ihr hingegangen in diesem Moment. So kurios es auch klingen mag, dieses Mädchen an der Eisdiele in Santa Cruz blickte mitten in mein Herz und meine Seele. Obwohl mir Sabine im zweiten Teil der Session noch einen erotischen Wunsch erfüllte, während Martin mir den Nacken massierte und dabei tibetische Mantren sang, waren diese kurzen Augenblicke als Achtjähriger an der Eisdiele in Santa Cruz das bisherige Highlight dieser Gruppe. Unglaublich und völlig

kurios, aber dennoch wahr. Ein kurzer Moment, der Blick eines kleinen spanischen Mädchens. Weit ab von jeder sexuellen Idee, aber mitten in mein Herz. War das auch Tantra?

1. September
Ich hab heut nacht gevögelt und fühl mich leer und zum Kotzen. Traurig und ausgebrannt. Nicht mal die Zigaretten schmecken mir. Was ist das nur wieder für ein Trip? Musste das denn jetzt sein? Es war eine Gelegenheit, ja klar, aber es war Alkohol im Spiel und mein Herz war nicht bei der Sache. Es fühlt sich so an, als hätte ich mich selbst vergewaltigt. Ja, ich bin sauer auf mich, auch wenn ich gleichzeitig sehe, dass diese Erfahrung in meinem Prozess hier möglicherweise sehr wichtig sein könnte. Da war kein Schmecken, kein Riechen, keine lieben Worte, nichts von alledem. Am liebsten hätte ich sie genommen und wäre dann gleich wieder gegangen. Es war nicht schön und ich hab mich nicht getraut ihr das zu sagen. Diese Art von Sex: irgendeine, verfügbare Frau – nur zum Ficken – funktioniert nicht mehr. Sex ohne Herz geht irgendwie nicht. Und ausgerechnet hier.

2. September
Bruno schreibt zwanzig Postkarten, anstatt Beckenkontraktionen, die PC-Pumpe und die „innere Flöte" zu üben. Udo sitzt auch an der Bar. Ich bemerke, dass er mich für einen tollen Typen halten soll. Bei der Shakti-Shiva-Session war's ähnlich, ich wünschte mir, dass Udo sich denkt: „Der Vismay, das ist schon ein Hund, der kann sich's richtig gut gehen lassen." Normalerweise werte ich das ab, will's weg haben, kämpfe gegen diese Impulse meines inneren Kindes. Dieses Kind braucht wohl manchmal Bestätigung als Nahrung. Mein

Intellekt unterdrückt und verurteilt es dafür. Mein cooles Selbstbild ist in Gefahr. Wenn das nur keiner merkt. In der offenen Runde ging es später darum, sich zu holen, was man grade braucht. Das Kind in mir wollte zu Udo und ich hab mich einfach zu ihm hingekuschelt, mich fallen gelassen, mich genährt durch ihn, und das sehr genossen. Sabine tauchte auf und wir hatten eine sehr schöne zarte Begegnung. Ich fühle mich dankbar und sehr offen.

3. September
Die Tage sind schnell vergangen, die Gruppe ist vorüber, und das ist gut so. Fast zwei Wochen intensives Tantra in Teneriffa, da waren die Erwartungen natürlich hochgeschraubt. Ich wollte spirituelle Ekstase und meditativen Gruppensex erleben. Doch die Wirklichkeit sah anders aus als in meinen Vorstellungen. Na ja, ein bisschen wenigstens. Die letzte Nacht ein feierliches Ritual und anschließend offener Abend bis etwa 7 Uhr morgens. Wir begannen mit sanfter Energiearbeit, öffneten den Raum in und um uns. Alles war sehr weit und offen. Die Energie ist das Kriterium, fiel mir ein, und mein Kopf war angenehm leer. Es war interessant zu sehen, was dieses Außen eigentlich ist: eine Idee, eine Vorstellung und manchmal auch andere Menschen, die ebenso mit sich selbst und ihren Gedanken beschäftigt sind. Rita ging es ähnlich, wir fühlten uns sehr verbunden. Wie Geschwister mit einem intimen Geheimnis. Die Nacht war sehr schön. Endlich ohne Angst und Bewertung reden, mich zeigen, zuhören, sich berühren, verschmelzen. Als Lucia zu mir kam und sich beschwerte, dass sie so wenig kriegt, hörte ich mich sagen: „Dann gib halt was“, und war erstaunt; auf der Ebene des Herzens ist Geben und Nehmen wirklich dasselbe. Diese

Gefühle der Angstlosigkeit und Verbundenheit, das ist für mich eine wirkliche tantrische Erfahrung. Mein ganzes Wesen ist daran beteiligt. Sex ist einfach Lebensenergie, sonst nichts. Und manchmal drückt er sich über die Genitalien aus. Noch lange kein Grund, so ein Riesending daraus zu machen. Es stimmt beides, ich brauche Menschen und ich brauch sie nicht. Ich kann mir selbst genügen und dann wieder nicht. Ich hab viel erfahren und gelernt hier. Mal sehen, was ich Zuhause in den Alltag integrieren kann. Sabine und ich haben nicht mehr miteinander geschlafen, hatten aber wunderschöne Begegnungen. Achtsamkeit, vor allem Achtsamkeit! Jetzt gerade fühlt es sich nach lieben Menschen an. Vielleicht Rita und Michaela? Oder hinauf zu Udo? Die inneren Bewerter und Richter sind wieder da, warum ich jetzt Aufmerksamkeit von jemandem brauche. Aber ich bin auch da und sage: Scheiß‘ drauf. Die Energie und der Spaß sind das Kriterium. Und das Leben einfach zu leben ist das größtmögliche naheliegende Geheimnis.

SEIT DIESEN ERLEBNISSEN in Teneriffa habe ich bis heute an zahlreichen Seminaren oder Trainings teilgenommen, dort assistiert oder sie selber geleitet. Es gab eine Zeit, in der ich tatsächlich nur von Seminar zu Seminar lebte. Irgendwann ließ die Leidenschaft dafür, mein Glück und meine Ekstasen in Workshops zu finden, allmählich nach.

Die Integration in mein Leben, meine Beziehungen und den ganz normalen Alltag wurde mit den Jahren wichtiger als außergewöhnliche Erfahrungen und tantrische Höhepunkte in Seminaren. Dennoch halte ich es nach wie vor für eine ungemein wertvolle Möglichkeit, sich selbst innerhalb einer geschützten Gruppe zu erleben, zu öffnen und zu erfahren.

Der Markt für Tantra-Angebote und -Seminare wurde allerdings in den letzten Jahren immer größer und unüberschaubarer. Auf die Eingabe des Begriffes „Tantra“ sind im deutschsprachigen Internet mittlerweile fast 150.000 Einträge registriert. Zu dieser Menge kommt noch die Verwirrung, dass jeder Tantralehrer seinen eigenen persönlichen Ansatz hat. Keine Tantragruppe gleicht der anderen.

Stehen hier bestimmte Rituale und Techniken im Vordergrund, geht es dort mehr um die Präsenz des Herzens und woanders gar um die ganz offensichtliche Möglichkeit, leichten Kontakt zum anderen Geschlecht zu bekommen. Es ist mir in diesem Buch mitunter ein Anliegen, aus diesem Dschungel ein paar Namen hervorzuheben. Sie finden im Anhang eine Auflistung von weiteren empfehlenswerten Lehrern und Institutionen sowie weitere Buchtipps. In meinen eigenen Seminaren ist es mir ein Anliegen, jedem/r TeilnehmerIn dort zur Verfügung zu stehen, zu begleiten und zu respektieren wo er/sie sich gerade befindet.

Die Berichte der wilden Tantragruppen der späten siebziger Jahre klingen inzwischen sehr exotisch und abenteuerlich. Mittlerweile steht Kompetenz, Bewusstheit und Integrität bei den seriösen Tantra-Angeboten im Vordergrund. Natürlich darf das Spielerische, der Spaß und der liebevolle Umgang miteinander davon nicht verdrängt werden. Wer will schon einen Gruppenleiter, dem es bei aller Kompetenz und Führungsqualität an Lebendigkeit, Freude und Leichtigkeit fehlt. Wirklich gute Tantralehrer verfügen über die Fähigkeit, beides zu vermitteln und auf natürliche, mühelose Weise einen Raum der Liebe zu kreieren, in dem Heilung und Transformation geschehen können.

Übung

Sind Sie schon geübt im Nichtstun?
Ob mit entspanntem Anus, der Fußsohle auf dem Boden und einer aufrechten Wirbelsäule auf einem Stuhl oder im wachen und entspannten Liegen mit Ihrem Partner auf dem Bett: Achten Sie auf den nahe liegenden Impuls! Und lassen Sie diesen Impuls aus der Stille, aus Ihrem Bauch oder Ihrem Herzen kommen. Nur nicht aus Ihrem Verstand.
Wie merkt man den Unterschied? Es fühlt sich einfach anders an. Der nahe liegende Impuls ist beispielsweise immer neu. Der Wunsch aus dem Verstand ist dagegen bereits alt und vorprogrammiert. Der nahe liegende Impuls wird nirgendwo herkommen und sich immer richtig anfühlen. Er ist das Geschenk der Intelligenz des Lebens in diesem Augenblick. Folgen Sie diesem Impuls. Verleihen Sie ihm Ausdruck. Wenn Sie gerade allein sind, kann es sein, dass es sich danach anfühlt, die Wohnung mal wieder zu putzen, einen Freund anzurufen oder die Ramones aufzulegen und mit der Luftgitarre mal wieder heftig abzurocken. Oder Ihrem Chef mal die Meinung zu sagen, einen Ort in der Natur zu besuchen, den Sie mögen, und sich ein leckeres Abendessen zu gönnen. Es geht gar nicht darum, besonders kreativ oder spontan zu sein.
Folgen Sie einfach Ihrem Impuls. Gelöst und natürlich. Wonach fühlt es sich gerade an?

Im Zusammensein mag dieser Impuls sich durch eine Berührung ausdrücken, durch offene liebevolle Worte oder eine verrückte Idee. Vielleicht ist Geilheit und unwiderstehliche Lust auf wilden Sex Ihr nahe liegender Impuls. Wenn es wirklich stimmt und aus Ihrem Körper kommt, ist heißer Sex eine der wunderbarsten und ekstatischsten Möglichkeiten, das Leben zu feiern. Oder Sie fühlen den Impuls, Ihrem Partner etwas von Ihren Gefühlen mitzuteilen, und bitten ihn einfach nur da zu sein und zuzuhören.
Doch beachten Sie bitte: Der nahe liegende Impuls ist nichts, wofür sie etwas tun können, außer einen leeren entspannten Raum und etwas Wachheit und Achtsamkeit zur Verfügung zu stellen. Und bitte tun Sie nicht so als ob!
Seien Sie einfach in Ihrem Körper zuhause. Wir kennen dieses Gefühl, wenn wir sagen, dass sich etwas einfach wahr und richtig anfühlt. Es spielt keine Rolle, ob wir es Intuition „aus dem Bauch heraus“ oder emotionale Intelligenz nennen. Wir spüren es, es fühlt sich lebendig an. Wir sind auf der richtigen Spur.

4 Zu viel Gefühl

Für den Tantriker und die Tantrikerin ist der Körper ein Tempel, Gral, heiliges Gefäß, um das Göttliche zu erfahren. Tantra lehrt die Vereinigung der Gegensätze. Daher ist die Anbetung der Schöpfung höchster Gottesdienst und zugleich ekstatisch.

Andro

WIR KENNEN ALLE DAS GUTE GEFÜHL, wenn wir etwas aus dem „Bauch heraus" entscheiden. Oder wenn wir loslassen und dem Körper folgen. Beim Tanzen oder beim Sex kann uns dieses Loslassen mitunter in sehr freudige und ekstatische Bereiche führen. Wir überlassen dem Körper die Führung, lassen uns von unseren Sinnen und der inneren Energie leiten und kümmern uns nicht um Moral oder die Erwartungen anderer Menschen. Wenn dem Körper später ein paar Vitamine fehlen, bekommen wir plötzlich unwiderstehliche Lust auf eine große Salatplatte. So einfach und natürlich funktioniert dieses System.

Haben Sie schon mal eine Wohnung gesucht und plötzlich, beim x-sten Besichtigungstermin, betreten Sie mit Ihren Füßen die Räumlichkeiten und Ihr Körpergefühl lässt keinen Zweifel daran, dass Sie soeben Ihr neues Heim betreten haben. Die Füße wissen das. Sie saugen sich regelrecht am Boden fest. Und dem Verstand fallen keine Gründe mehr ein, weil ohnehin schon alles klar ist. Das gleiche Prinzip gilt auch für Geschäfte und Verträge jeglicher Art. Ein neues Auto?

Fühlt sich Ihr Körper darin wohl? Fühlt sich der Kontakt mit dem Verkäufer gut im Körper an? Vielleicht ist es Ihnen auch schon mal passiert, dass Sie sich mit dem Auto verirrt hatten, völlig im Dunkeln tappten und nicht mehr die Richtung wussten. Ihr Körper sagt es Ihnen, wenn Sie in die falsche Richtung fahren. Er fühlt sich dann schwer an, zäh und klebrig. Sobald Sie aber wieder auf der richtigen Spur sind, geht Ihnen die Fahrt leichter von der Hand und der Körper entspannt sich.

Gerade auch im Sex können wir uns auf die Weisheit unseres Körpers und seiner Sinne verlassen. Was nützt uns ein Liebespartner, wenn wir ihn nicht gerne anschauen, riechen, schmecken und berühren wollen? Es gibt mittlerweile sogar Untersuchungen, die bestätigen, dass der passende Geruch des Partners ein Kriterium dafür ist, dass auch viele andere Details miteinander harmonieren.

Genauso dürfen Männer in den meisten Fällen ruhig darauf vertrauen, dass alles mit rechten Dingen zugeht, wenn das beste Stück bei einer intimen Begegnung nicht so richtig mitspielen will. Es ist besser, einen wertfreien Blick auf die „Gesamtsituation“ zu werfen, anstatt sich selbst runterzumachen. Und wenn gerade keine Energie für Sex vorhanden ist, offenbaren sich vielleicht andere wertvolle Möglichkeiten der Begegnung. Manchmal hat man tagelang keine Energie. Da verurteilt man sich vielleicht dafür, weil nichts richtig läuft und man auch sonst nicht viel hermacht. Jetzt könnten wir unseren Körper antreiben und ihn mit künstlichen Vitaminen oder einem Energy-Drink aktivieren. Oder wir hören einfach auf den Körper und gönnen uns ein paar Tage Rückzug und Ruhe. Manchmal ist das wirklich sehr weise, bevor man tatsächlich krank wird. Vielleicht steigt ja genau aus dieser

Ruhe die zündende Idee oder die Lösung eines Problems auf.

Achtsamkeit für die Weisheit des Körpers ist meiner Meinung nach eines der wichtigsten Dinge, die man als tantrischer Lebenskünstler lernen sollte. Wenn der Kontakt zu Ihrem Körper sich etwas komisch und verwirrend anfühlt, ist es meistens gut, sich mal wieder zu bewegen. Hören Sie auf die Sprache Ihres Körpers, wie er sich bewegen will.

Ihr Körper ist Ihr wichtigster Partner auf diesem Planeten. In den guten wie in den schlechten Zeiten. Was nährt ihn? Was bereitet ihm Freude? Auch wenn er Ihnen ab und zu einmal Sorgen bereitet, so ist der physische Körper doch ein unglaubliches Instrument. Und er ist unser Zuhause, unser Tempel in diesem Leben. Tun Sie ihm was Gutes. Tun Sie, was Ihnen Spaß macht.

> *„Ihre Anspannung ist nur die Energie eines Geschenks, das eingemauert und unausgedrückt in Ihrem Körper wartet." (David Deida)*

Mir macht es z.B. manchmal richtig Spaß, mich damit zu beschäftigen, was zur Zeit meiner Geburt im Jahr 1965 gerade auf der Erde so los war: Die Beatles begannen Marihuana zu rauchen und LSD zu nehmen, woraufhin sich ihre Musik völlig veränderte. Außerdem bekamen sie einen Orden von der Queen. Die Rolling Stones sangen erstmals „I can't get no satisfaction", der schwarze Bürgerrechtler Malcolm X wurde während einer Rede erschossen, die USA eröffnete den Bombenkrieg gegen Vietnam. Erstmals konnte man im Fernsehen direkt Bilder vom Mond betrachten, die ersten Fotos eines Embryos im Mutterleib wurden veröffentlicht, Cassius Clay verteidigte seinen Titel gegen Sonny Liston und Floyd Patterson, bei den Bundestagswahlen gewann die CDU/CSU als stärkste Partei. Bob Dylan kam nach London und der Minirock eroberte von dort die Welt. Was war das für eine aufregende Zeit, in die ich da hineingeboren wurde?! Die sechziger Jahre! Alles war im Aufbruch. Es schien, als ob der Kosmos seine Tore geöffnet hatte, um den Menschen einen kurzen Blick über die Grenzen zu gewähren. Es war die Zeit der Hippies, der Studentenunruhen, der sexuellen Revolution. Ich wäre gerne dabei gewesen – in London, San Francisco oder New York. Mit Timothy Leary in Milbrook, auf dem ersten Monterey-Festival oder auf einer Lesung von Allen Ginsberg. Der Geist dieser großartigen Bewegung flackerte in Woodstock noch mal auf und fand schließlich in den Manson-Morden oder spätestens beim Konzert der Rolling Stones in Altamont, als die Gewalttätigkeit vor der Bühne in der Ermordung eines Schwarzen gipfelte, sein jähes Ende. Die Beatles trennten sich. Die Siebziger Jahre begannen.

Die Erweiterung des Bewusstseins durch LSD, freie Liebe und die Proteste gegen Krieg und Establishment durch friedliche Demonstrationen fand sich plötzlich wieder in der tödlichen Wirkung von Heroin und der mörderischen Arroganz des Terrorismus. Der Traum vom erweiterten Bewusstsein und einer Liebe in Freiheit schien für viele Menschen doch nur eine schöne Vision gewesen zu sein. Aber wie das mit Drogen eben so ist: Sie machen zuweilen süchtig, aber manchmal können sie auch eine innere Tür öffnen und uns einen Blick, eine Erfahrung und eine Ahnung ermöglichen, dass es eben noch sehr viel mehr in diesem Universum gibt, als wir in der Schule gelernt haben oder täglich in der Zeitung lesen können. Wertfreie Berichte gibt es mittlerweile genug darüber. Paul McCartney hat in einem Interview gesagt, dass es ihm manchmal so erscheint, als ob die sechziger Jahre erst noch kommen würden. Und vielleicht hat er mit seiner Ahnung gar nicht mal so Unrecht. Möglicherweise steht heute die Tür zu neuen Dimensionen unseres Lebens bereits wieder sperrangelweit offen, und der Geist des Wassermanns wartet nur darauf, Liebe und Frieden auf die Erde zu bringen. Die Ebene, auf der wir diese Energien empfangen, ist diesmal allerdings nicht im Äußeren zu finden, sondern in uns selbst.

Womöglich ist jetzt die Zeit gekommen, in der diese Öffnung nicht im Ashbury-Park in San Francisco oder im indischen Ashram geschieht, sondern überall dort, wo wir uns gerade befinden. Und vielleicht ist es inzwischen auch möglich oder geradezu eine Bedingung, dass man auf dem Boden bleibt, Selbstverantwortung lernt und sein normales Leben auf die Reihe kriegt (was immer das auch heißt), während man sich gleichzeitig zu höheren Dimensionen des Liebens, des Fühlens und des Bewusstseins aufschwingt. Mit Wurzeln und Flügeln eben. Während uns viele spirituelle Lehrer von den unglaublichen Möglichkeiten dieser Zeit erzählen, scheint allerdings ein großer Teil der westlichen Zivilisation in Dummheit, Dekadenz und zerstörerischem Verhalten zu versinken. Zumindest bekommt man den Eindruck, wenn man versucht sich an den Medien zu orientieren. Wo also befindet sich der wunde Punkt? Wo befindet sich der Schlüssel zum neuen, tantrischen Bewusstsein des 21. Jahrhunderts? Worin besteht der nahe liegende Impuls, der uns befreit?

„Liebe ist die schönste Sucht. Es gibt keine Überdosis." (Akif Pirincci)

Dem Begriff Tantra haftet in den Medien immer noch der

Beigeschmack von sexueller Ausschweifung an. Die Gesellschaft ist bekanntlich sehr schnell damit, alles Neue und Unbekannte in vertraute Schubläden zu packen. Während in dieser Gesellschaft allerdings immer mehr eine süchtige und ängstliche Haltung dem Leben gegenüber vorherrscht, geht Tantra einen ganz anderen Weg.

Eine tantrische Lebenseinstellung bedeutet eine Zuwendung zum Leben, wohingegen sich der süchtige Mensch vom Leben abwendet. Das Verhängnisvolle an dieser Krankheit namens Sucht ist die Tatsache, dass sie inzwischen fast alle Bereiche unseres Lebens durchdringt. Ist Ihnen dieses Phänomen nicht auch schon einmal aufgefallen? Während in früheren Tagen die Sucht als lebensbedrohliche Krankheit sich meist auf Randgruppen und deren Drogen-, Alkohol- und Tablettenabhängigkeit beschränkte, haben wir es plötzlich in jeder sozialen Schicht und in fast jedem Alter mit Essens-Sucht, Arbeits-Sucht, Liebes-Sucht, Sex-Sucht, Kauf-Sucht, Fernseh-Sucht und Internet-Sucht etc. zu tun.

Währenddessen pflegen die meisten Menschen aber noch immer einen ziemlich naiven Umgang mit dem Begriff Sucht. Schließlich sagen wir ja auch, wenn wir etwas begehren, dass wir regelrecht süchtig danach werden könnten. Viele Psychotherapeuten empfehlen einen sanften und liebevollen Umgang mit diesen Süchten. Manchmal gelingt dies. Manchmal aber auch nicht. Süchtiges Verhalten scheint rein psychologisch eine Notlösung bzw. eine Ersatzbefriedigung zu sein, mit der wir unser Leben erträglicher gestalten können. Sie ist aber auch eine lebensgefährliche Krankheit. Vergleichbar einem Medikament mit tödlichen Nebenwirkungen. Heute wissen wir, dass Nikotin der schnellste suchterzeugende Stoff ist, den es gibt. Mittlerweile suggeriert uns jede Zigarettenpackung, womit wir es hier eigentlich zu tun haben, nämlich mit giftigen und zerstörerischen Substanzen. Natürlich ist es auch immer eine Frage der Genetik des jeweiligen Menschen, wie das Gehirn auf suchterzeugende Stoffe reagiert. Die wissenschaftliche Forschung schreitet in diesem Bereich mit großen Schritten voran. Bestimmte psychologische Merkmale von Sucht sind allerdings inzwischen weitläufig bekannt. So sagt man beispielsweise, dass Sucht immer eine Bewegung ist, die wegführt vom Ist-Zustand und sich gleichzeitig durch immer größeren Kontrollverlust ausdrückt. Interessanterweise kann man diese Merkmale beim Alkoholiker oder Drogenabhängigen ebenso finden wie beim Sex- oder Internetsüchtigen.

Die Konsequenz von süchtigem Verhalten ist Selbstzerstörung. Bei Stoffen wie Heroin kann es sehr schnell ans Eingemachte gehen, während Nikotin ein wenig länger dazu benötigt. Inzwischen weiß man, dass sogar der gesamte Bereich der so genannten „stoff-ungebundenen Suchtformen" zu den gleichen Konsequenzen führt. Die Folgen der Spielsucht, dem zwingenden Drang, sich stundenlang in Casinos oder vor Geldautomaten aufzuhalten bis auch mit Sicherheit der letzte Cent verbraten ist, sind inzwischen weitläufig bekannt. Aber auch der Arbeits- oder Internetsüchtige, Sex- oder Liebessüchtige wird wahrscheinlich auf die Dauer seine Beziehungen, seine Selbstachtung und seine Lebensgrundlagen zerstören.

„Wir sind eine Gesellschaft von Süchtigen, denn wir bedienen uns nicht mehr der Dinge, sondern die Dinge haben uns in der Hand" (Konstantin Wecker)

Der Ursprung von Sucht mag eine Fehlschaltung im Gehirn oder eine Diskrepanz im Energiekörper sein. Letztlich setzt süchtiges Verhalten in jedem Fall eine ablehnende Einstellung dem Leben gegenüber voraus. Tantrische Lebenskunst ist kein weiteres Vergnügen, mit dem man süchtig umgehen kann, sondern eine völlig neue, radikale und positive Einstellung zum Leben.

Die Dimension der Öffnung, mit der wir es beim Tantra zu tun haben, bezieht sich auf Verbindung anstatt auf Trennung und Kampf. Tantra zielt direkt auf das Hier und Jetzt – so wie es jetzt ist – inklusive aller Gefühle von Unzulänglichkeit und unangenehmen Empfindungen. Solange dieses JA zum Leben, wie es jetzt ist, nicht unser Denken, Fühlen und Handeln im täglichen Leben durchdringt, wird Tantra vermutlich eine weitere lauwarme Ersatzbefriedigung bleiben, die unser Sein weder transformiert noch unser Leben um neue Dimensionen von Freude, Ekstase und innerem Frieden erweitern. Versuchen Sie doch mal mit Ihrem Partner eine tantrische Übung zu praktizieren, wenn Sie ihn gar nicht wirklich lieben. Ebenso verhält es sich in der Beziehung mit uns selbst und dem eigenen Körper. Die süchtige Einstellung zum Leben heißt: Nichts wie weg!

Die tantrische Einstellung dagegen: Öffnen für das Leben in diesem Augenblick. Erinnern wir uns an das Modell der Chakren und stellen uns dabei eine Schallplatte mit sieben unterschiedlichen Musikstücken vor. Jedes Stück symbolisiert eines der sieben Chakren. Die ganze Platte ist ein Gesamtkunstwerk und ergibt eine vollständige Symphonie menschlichen Bewusstseins. Den lästigen Kratzer auf dem ersten Song führen wir an dieser Stelle auf eine mangelnde Erdung, einen nicht wirklich bewohnten Körper und einen angespannten Anus zurück. Doch immerhin läuft die Platte weiter. Der Körper funktioniert, nimmt Nahrung zu sich, verdaut sie, scheidet sie aus. Der Körper ist kräftig genug, um zu arbeiten, damit wir unseren Lebensunterhalt verdienen können. Er macht Sex, hat sein Vergnügen dabei und pflanzt sich fort. Beim zweiten Chakra allerdings haben wir es in vielen Fällen mit einem so gewaltigen Kratzer zu tun, dass sogar die Nadel hängen bleibt. Wenn jetzt niemand da ist, der die Sache selbstverantwortlich in die Hand nimmt, wiederholt sich dieselbe Stelle immer und immer wieder. Das ist nicht nur nervtötend, sondern macht auf die Dauer die Nadel kaputt, sodass schließlich gar nichts mehr funktioniert. Dieser Kratzer am Ende des zweiten Stücks ist vergleichbar mit süchtigem Verhalten. Das geradezu Bizarre an süchtigem Verhalten ist eben die Tatsache, dass sie jede natürliche Weiterentwicklung und jedes spirituelle Wachstum lähmt und unterbindet. In süchtigen Zeiten kommen wir beispielsweise in unseren Beziehungen oft keinen Schritt weiter. Wir drehen uns im Kreis. Nichts geht voran.

> *„Es geht um Freiheit. Und Freiheit ist, wenn man keine Angst vor irgendeinem Gefühl hat, ob Trauer oder Glück." (Tori Amos)*

Offenbar haben viele Menschen Angst vor ihren Gefühlen. Angst davor, Gefühle auszuhalten. Sobald wir es plötzlich mit einem Gefühl zu tun haben, das wir nicht mögen oder von dem wir glauben, dass wir nicht damit umgehen könnten, verschließen wir uns. Jeder Mensch kennt das: Wenn wir mit uns im Reinen und mit unserer wahren inneren Natur verbunden sind, geht es uns gut. Wir gehen in die Welt hinaus, und diese Welt spiegelt uns großzügig unseren wohligen Zustand. Aber plötzlich geschieht etwas. Beispielsweise treffen wir in der Post auf eine lange Warteschlange, der Postbeamte ist besonders unfreundlich und die junge Mutter vor uns in der Schlange zerrt genervt an ihrem Kind herum und steigt uns womöglich auf die Füße. Obwohl wir gerade noch so glücklich und ausgeglichen waren und eigentlich nur den Brief an einen Freund wegschicken wollten, sind wir plötzlich gereizt und genervt. Kennen Sie auch so eine Situation aus Ihrem Leben? Plötzlich ist Ärger da, obwohl vorher noch alles so harmonisch aussah. Dann sagen sie sich vielleicht innerlich: „Wäre ich doch bloß nicht in diese blöde Post gegangen!" Weil wir den Ärger nicht mögen und auch nicht wissen, wie wir mit ihm umgehen sollen, beginnen wir, uns innerlich zu beschweren und damit zu kämpfen. „Dieser blöde Typ! Diese doofe Kuh!" Noch dazu verurteilen wir uns für diese Gedanken und unseren Ärger, weil wir doch positive Schwingungen in die Welt hinaustragen wollen. Aber der Ärger kümmert sich nicht um unsere guten Vorsätze. Jetzt ist es wieder passiert, die Platte hängt. Schließlich kommen wir entnervt nach Hause, bekommen auch noch Streit mit unserem Partner, und der Tag ist gelaufen.

Dieses Zusammenziehen unseres Wesens hat zur Folge, dass wir uns isolieren und nur noch mit einem ganz bestimmten Teil unserer Persönlichkeit identifiziert sind. Oftmals beschuldigen wir andere, um uns selbst leidenschaftlich davon zu überzeugen, dass wir Recht haben. Menschen, die unter Schock stehen bzw. eine traumatische Erfahrung nicht verarbeiten konnten, verbringen täglich 24 Stunden in diesem isolierten Zustand. Wenn diese Menschen nicht irgendwann bereit sind auszusteigen, zu fühlen und zu verzeihen, können sie unter Umständen ihr ganzes Leben in dieser Verschlossenheit verbringen. Die Platte bleibt einfach hängen. Und zwar irgendwo zwischen der zweiten und der dritten Chakra-Melodie. Um diesen Zustand auszuhalten (und ihn gleichzeitig weiter zu zementieren, weil man ja schließlich Recht hat), verharrt man in süchtigem Verhalten und zerstört sein Leben gleichermaßen als Opfer und Täter. Die angeklagte Umwelt sieht fassungslos zu und steht machtlos daneben. Im besten Falle werden der Leidensdruck und die Isolation irgendwann derart stark und beengend, dass dieser Zustand weit mehr Schmerz bereitet, als die Wahrscheinlichkeit seinen Stolz zu verlieren. Dies könnte bedeuten, jemand um Verzeihung zu bitten, sich selbst zu vergeben und demütig zu werden. Dies könnte bedeuten, endlich zu fühlen, loszulassen und womöglich zu weinen. An diesem Beispiel stellen wir fest, dass ohne eine Öffnung und Heilung des Gefühlskörpers eine lebendige und ganzheitliche Verbindung von Körper und Geist nicht möglich ist. Die fließende Verbindung kann nur wiederhergestellt werden, wenn wir bereit sind, uns unseren Emotionen und Gefühlen gegenüber zu öffnen.

> *„Das ist gefährlich, lebensgefährlich: zu viel Gefühl." (Ideal, Deine blauen Augen)*

Als 11-jähriger Kerl war ich zum ersten Mal in meinem Leben unsterblich verliebt. Und zwar in Michaela aus der Parallelklasse. Etwa ein halbes Jahr ging das so. Meine ersten feuchten Träume hatte ich wegen ihr, und wenn sie mir auf dem Schulhof tatsächlich zufällig in die Augen blickte, dann warf es mich regelrecht um. Himmel und Hölle zugleich, ein unvergleichbarer Gefühlscocktail. Leider war ich fürchterlich schüchtern und unternahm deswegen keinen konkreten Versuch, ihr näher zu kommen. So lebte ich diese tragische Verliebtheit ganz für mich in meinen heimlichen Tag- und Nachtträumen. Schließlich war sie es, die mich eines Tages nach der Schule ganz unverblümt fragte, ob ich mit ihr gehen möchte. Das war eindeutig zu viel des Guten. Obwohl ich genau wusste, was sie meinte und ich mir seit Monaten nichts sehnlicher wünschte als *ihr* fester Freund zu sein, konnte ich meine Gefühle der Unsicherheit nicht aushalten und mit dieser Situation absolut nicht umgehen. Da stand ich also, stammelte und stotterte ein „Wohin?" – schwang mich auf mein Fahrrad und strampelte los. Ganz dringend musste ich ganz schnell irgendwo hin, gerade jetzt. Nur schnell weg, einfach nur weg. Und das war's dann mit Michaela. Später war ich sehr erstaunt, als ich ähnliche Muster auch als Erwachsener in meinen Beziehungen wiederfand.

Ist es nicht ein Jammer mit diesen Gefühlen? Man will sich lebendig fühlen, aber wenn sie da sind, hält man es nicht aus. Nach Meinung einiger Leute, die sich damit auskennen, unterscheidet man fünf verschiedene Grundgefühle: Wut, Trauer, Angst, Freude und Liebe. Die meisten erwachsenen Menschen haben Angst vor ihren Gefühlen. Gleichzeitig wünschen sie sich nichts mehr, als ein authentisches lebendiges Gefühl empfinden zu können.

Das ursprünglichste Gefühl ist wohl die Liebe. Jeder will Intimität und wirkliche Nähe in der Begegnung mit einem anderen Menschen, aber sie macht uns auch verletzlich. Und vor nichts haben wir mehr Angst. Manchmal bekommen wir Angst vor der Angst, und dann ist es nicht mehr weit, bis sich unser Gefühlsleben nur noch im Kopf abspielt. Schließlich verlieren wir uns völlig in einer Vorstellungswelt, anstatt hier und jetzt präsent und mit unseren Gefühlen und unserem Körper in Kontakt zu sein. Wir fangen an, in unseren Gedanken zu fühlen anstatt in unserem Körper.

Kennen Sie auch solche Menschen, die tränenüberströmt erzählen, dass sie nichts fühlen können? Oder die ihr ganzes Leben und das anderer Menschen zerstören, während sie sich darüber beschweren, über keine Kraft zu verfügen? Dabei könnte es so einfach sein. Es sind schließlich nur Gefühle und keine Monster. Wir behandeln unsere unerwünschten Gefühle und Emotionen oft wie etwas, das eigentlich nicht wirklich zu uns gehört. Wie eine lästige Fliege beispielsweise. Doch Emotionen und Gefühle sind in Wirklichkeit die reinste Schatzkammer und das schnellste Ticket in unsere spirituelle Identität. Alles was es braucht ist die Bereitschaft eine liebevolle Beziehung zu sich selbst zu haben und die innere Priorität, wirklich mit sich im Reinen zu sein.

„Über Stiere reden oder in der Arena stehen ist nicht dasselbe." (Spanisches Sprichwort)

Übung

Beginnen Sie am besten dort, wo Sie sich jetzt befinden. Fühlen Sie Ihren Körper genau jetzt. Die Empfindungen, die Spannungen, die Wärme, die Kälte. Nehmen Sie das Leben wieder mehr als fühlendes Wesen wahr. Haben Sie Lust auf ein Experiment? Suchen Sie sich eine Position, in der Sie bequem und mit möglichst geradem Rücken für einige Minuten still und mit geschlossenen

Augen sitzen können. Erinnern Sie sich an die Übung aus Kapitel 1.
Setzen Sie sich auf Ihre Sitzhöcker, richten Sie Ihre Wirbelsäule auf und achten Sie darauf, wie ihr Anus loslässt und sich entspannt. Nun gehen Sie einen Schritt weiter, und beobachten alle Empfindungen Ihres Körpers. Fühlen Sie sich wohl? Ist es warm genug oder etwas zu kühl? Fühlen Sie Wärme oder Kälte in Ihren Händen und Füßen? Erlauben Sie Ihrem Atem, sich mühelos bis zum Becken auszudehnen, und nehmen Sie Ihren Körper als das lebendige Wesen wahr, das er ist. Lauschen Sie auf die Spannungen in Ihrem Körper ebenso wie auf das Empfinden eines satten Wohlgefühls. Wandern Sie einfach mit Ihrer Aufmerksamkeit durch Ihren Körper hindurch. Gehen Sie nun einen Schritt weiter. Beobachten Sie, welches Gefühl gerade jetzt präsent ist. Wenn es ein Gefühl ist, das Sie nicht mögen, werden Sie womöglich auch einen Widerstand wahrnehmen können. Fühlen Sie diesen Widerstand. Erlauben Sie diesmal Ihrem Verstand nicht, abzuschweifen, zu analysieren oder zu rationalisieren. Fühlen Sie den Ärger und Ihre innere Abwehr über die Gegenwart des Gefühls. Geben Sie sich selbst die Erlaubnis zu fühlen, was auch immer präsent sein mag. Ein kleiner Trick besteht darin, dem Gefühl einen Namen zu geben. Nehmen wir mal als Beispiel das Gefühl der Unsicherheit, das auch zur Angst gehört.

Erlauben Sie sich Unsicherheit zu fühlen. Und fühlen Sie auch Ihre eigenen Bewertungen der Unsicherheit gegenüber. Erforschen Sie das Phänomen der gegenwärtigen Unsicherheit in Ihrem Körper. Wie fühlt es sich an? Welche Form, welche Farbe könnte es haben? Wie groß ist es? Sie müssen weder die Ursache des Gefühls kennen noch eine Methode entwickeln, wie Sie es am schnellsten losbekommen. Ganz im Gegenteil. Laden Sie es ein. Heißen Sie es willkommen. Nehmen Sie es in den Arm. Vielleicht haben Sie sich schon das ganze Leben unsicher gefühlt und sich dafür abgelehnt. Lieben Sie sich jetzt dafür, unsicher zu sein und erkennen Sie Ihre Unsicherheit an, genau so, wie sie jetzt ist. Lieben Sie sich für alles, was Sie denken und fühlen. Das ist der Schlüssel. Lassen Sie die Unsicherheit so lange da sein, wie sie da sein möchte. Wie ein Kind, das gerade etwas Aufmerksamkeit braucht und auf Ihren Schoß springt. Nur um ein wenig später wieder weiterzuspielen. Wir können täglich beobachten, dass sich alles verändert. Nehmen Sie die Unsicherheit mit Ihrer liebevollen Aufmerksamkeit ebenso in den Arm, wie Sie das kleine Kind in den Arm nehmen würden. Der Unterschied ist nicht so groß. Lieber eine authentisch gefühlte Unsicherheit, als ständig die Anspannung einer künstlichen Selbstsicherheit. Lieber echte Nervosität, als aufgesetzte innere Ruhe. Schließen Sie Freundschaft mit all Ihren Gefühlen.

Tantra sagt, dass wir bereits ganze und vollkommene Menschen sind. Seien wir doch mutig, nehmen wir die alten Meister beim Wort und werden wieder zu fühlenden Menschenwesen. Alle Versuche, die Kundalini zu erwecken oder sexuelle Energien tantrisch in höhere Chakren zu ziehen, sind umsonst, solange wir mit dem bunten Regenbogen unserer Gefühle nicht Freundschaft schließen. Der ganze Reichtum unserer Intuition, das Erspüren des nahe liegenden Impulses, die innere Führung des Körpers – alles das setzt voraus, das Leben mehr zu fühlen als zu denken. Eine wache und entspannte Präsenz im Herzen ist eigentlich unmöglich, solange wir uns anspannen oder sogar verstecken.

Die Sprache der Schwingungen in der Sexualität zu erlernen und das Öffnen für unterstützende Energien aus der geistigen Welt dürften sich als schwierig erweisen, solange wir nicht bereit sind, uns selbst fühlend wahrzunehmen. Lösen wir doch den Kratzer auf unserer Chakra-Sinfonie durch liebevolle Aufmerksamkeit für uns selbst und unsere Gefühle wieder auf. Und beenden dieses Kapitel selbstverliebt und gefühlsduselig mit einem passenden Zitat:

> *„Was macht uns denn sexy? Mit Leidenschaft in unserem Körper zu Hause zu sein und aufrichtig in unseren Gefühlen, das macht uns anziehend und faszinierend. Menschen mit einem reichen und verwurzelten Gefühlsleben sind wie Magneten." (Gabriele Roth)*

5 Neue Dimensionen

> *„Normalerweise nutzen wir nur ein Zehntel unseres Gehirns. Es ist gar nicht auszudenken, was wir alles erreichen würden, wenn wir diesen ungenutzten Teil erst anzapfen könnten."*
>
> *Paul McCartney*

VOR VIELEN JAHREN WAR ich Vertriebsleiter einer monatlich erscheinenden Zeitschrift für Spiritualität und Lebenskunst, der *Connection.* Wir waren ein bunter Haufen von begabten, idealistischen, fleißigen Zeitschriftenmachern und mittags wurden wir großartig mit vegetarischen Leckereien bekocht. Ich erinnere mich an eine dieser Mittagspausen, in der sich alle angeregt über ein Gerücht unterhielten, das sich vom fernen Kalifornien aus blitzschnell verbreitete. Ein Sannyasin hätte in Indien bei einem neuen Guru seine Erleuchtung erlangt und nun selber in Amerika einen großen Kreis von Anhängern um sich geschart. Zahlreiche ekstatische Erleuchtungserlebnisse soll es in seiner Gegenwart schon gegeben haben.

Jeder war natürlich interessiert, wenngleich mit Skepsis. Wie sollte das denn möglich sein? Erleuchtung, das höchste Ziel, die Befreiung vom Leiden, die Überwindung der Dualität! Das Licht am Horizont eines jeden Meditierenden! So einfach zu bekommen? Das konnte nicht möglich sein. Und dann auch noch für einen so jungen Mann. Devaprem war der spirituelle Name dieses jungen Mannes aus Frankfurt, und ein paar Monate später lag ein Interview mit Fotos von ihm und seinen Schülern auf demselben Tisch. Das Interview mit ihm in der Connection blieb natürlich in der spirituellen Szene nicht ohne Echo. Dieser Kerl war einfach zu dreist. Stellte sich einfach hin und sagte „Ich bin erleuchtet“ (heute ist das ja nichts Besonderes mehr). In diesem Interview schilderte er auch die Begegnung mit seinem indischen Meister namens Poonjaji. Plötzlich stürmten viele spirituelle Sucher nach Lucknow in Indien, dem Zuhause dieses Poonjaji. Mich selbst zog es nicht nach Indien, aber ich wollte Devaprem gerne kennen lernen. Jemand in meinem Alter, aus meiner Kultur, mit meiner Sprache, der sich in diesem segensreichen Zustand befindet, schien mir viel interessanter zu sein als ein weiser, alter Mann irgendwo in Indien.

Wie der Zufall so spielt, war es nach einigen Monaten so weit. Devaprem landete mit seiner Freundin in Bayern. Zwanzig Minuten von meiner Haustür entfernt. Das war ein perfekter Service! Alles, was ich in den nächsten fünf Monaten wollte, war: täglich meinen neuen erleuchteten Freund besuchen, mit ihm meditieren und sprechen. Devaprem war ein schlanker, eher unscheinbarer Typ mit einer hohen Stimme. Seine Präsenz und seine Worte dagegen waren kristallklar und trafen mich im Innersten meiner hungrigen Seele. Es war Liebe auf den ersten Blick. (Auf reiner Herzensebene wohlgemerkt.) Hier saß er, völlig in sich und seiner inneren Stille ruhend, und ich bekam täglich meinen privaten Satsang bei ihm im Wohnzimmer.

Die Meditationen waren eine segensreiche Qual, denn ich war nicht daran gewöhnt, eine Stunde lang still zu sitzen. Unsere anschließenden Gespräche liefen meistens so ab, dass ich ihm Fragen über das Leben, die Liebe und meine täglichen Probleme stellte, und er mich unerbittlich in seinen

Antworten immer wieder auf den Punkt brachte, doch in meine innere Stille, den leeren, unberührten Ort in mir zu schauen, mit der Stille Freundschaft zu schließen und meine Identifikation mit dem Verstand in Frage zu stellen.

Am Anfang wusste ich nicht recht, was er meinte. Nichts tun? In die Stille schauen? Da wo nichts ist außer gähnende Leere? Ich wollte doch weiterkommen und ein glücklicherer Mensch werden! Stinklangweilig fand ich diese so genannte Stille erst mal. Außerdem war ich dort viel mehr mit einem Tumult von Gedanken, Ängsten und Empfindungen konfrontiert als sonst in meinem Leben. Trotzdem blieb ich, hörte auf mein Herz und nach und nach begann ich eine Ahnung und einen Geschmack zu bekommen von den Dingen, über die er da sprach:

> *„Der Weg zur Befreiung ist Meditation und Beziehung. Die Meditation gibt dir die Kraft, deine Beziehungen als Spiegel deiner selbst zu sehen, und somit langsam aus der Bedürftigkeit herauszuwachsen. Wenn du mehr in deine Stille gehst, kommt ein Übergang von Quantität zu Qualität. Zehn Minuten intensives Zusammensein mit jemanden kann dir 23 Stunden und 50 Minuten Ruhe verschaffen." (Devaprem)*

Sowohl unsere Gespräche als auch die gemeinsamen Meditationen waren wie heilender Balsam für mein gestresstes Wesen. Jedes Mal, wenn ich von einem unserer Treffen nach Hause fuhr, waren alle Sorgen, Probleme und alle Schwere wie weggeblasen. Und es war so einfach. Nur mit diesem

Menschen zu sitzen, mit ihm zusammen zu meditieren und zu sprechen, entblätterte meine Persönlichkeit und legte ein glückliches, inneres Wesen frei, das eigentlich schon immer da gewesen war. Ich war glücklich auf Grund des schlichten Umstands, dass ich existierte. Jetzt wusste ich, was damit gemeint ist, wenn Leute sagen, dass Glück dein Geburtsrecht ist. Es gab nichts mehr zu tun. Ich trug das Glück mit mir herum. Ich war das Glück. Ich weiß, es klingt naiv, aber ich war mir völlig sicher, dass es nur eine Frage der Zeit war, bis meine Erleuchtung eintrat. Es war deutlich zu spüren, wie nach jeder Meditation mit Devaprem mein Verstand an Macht in meinem Leben verlor. Manchmal, in der Meditation, löste sich plötzlich das Gefüge des Denkens völlig auf, und es blieb nur eine große Leere übrig – was mir schon mal einen Schauer über den Rücken jagte.

Bei genauem Hinschauen wurde mir klar, dass mein Interesse an meinem Verstand und an meiner Vergangenheit mich davon abhielt, die Identifizierung loszulassen. Meine Zeit war noch nicht gekommen. Doch es war an mir, meine Aufmerksamkeit immer mehr auf diese Stille zu richten und dem ganzen Dilemma von Spannungen, Gedanken und Sorgen einfach meine Energie zu entziehen.

> *„Es ist der Verstand, der das Herz verschlossen hält. Je weniger Gedanken, umso mehr Herz. Wenn das eine abnimmt, nimmt das andere zu. Gerade in der Liebe will das Herz kommunizieren, und der Verstand stört." (Devaprem)*

So wie jede Geschichte beginnt und wieder endet, packte auch Devaprem irgendwann schließlich seine Koffer und kehrte zurück nach Kalifornien. Ich hatte eine Menge gelernt und entdeckt über mich selbst, aber erleuchtet war ich noch nicht. Am Anfang war es noch relativ einfach, alleine in der Meditation mit dieser segensreichen inneren Stille in Kontakt zu kommen und den Tag über damit in Verbindung zu sein.

Bald schon aber kamen meine Ängste, Wünsche und die Probleme der Welt zurück. Es kam mir vor wie der Verlust des Paradieses. Und dabei war es so einfach gewesen dahin zu gelangen, dort zu ruhen, zu verweilen und zu sehen, dass ich nirgendwo hin und schon gar kein Problem lösen musste, um glücklich zu sein. Kaum war die Stille da, verschwanden die Probleme einfach, als wären sie nie da gewesen. Aber nun waren sie wieder aufgetaucht.

In der Zwischenzeit hatte sich nämlich einiges angesammelt, und ich war sehr wohl aufgefordert, mich wieder um verschiedene Dinge zu kümmern. Mir war ja monatelang alles andere nicht so wichtig gewesen. Ich wollte nur möglichst jeden Nachmittag mit Devaprem meditieren und sprechen, denn endlich war da jemand, in dessen Gegenwart ich eine wirkliche Erfahrung von Meditation, Spiritualität und innerem Frieden machte. Bei dem ich einen Geschmack davon bekam, in mir selbst mit einer grenzenlosen Gelassenheit und Freude zu ruhen, während die Welt sich weiterdrehte und tausend Dinge um mich herum geschahen.

Obwohl mir einige Schätze blieben, begann nun eine schwierige Zeit. Ich hatte gefunden und war doch wieder Suchender. Wie sollte es jetzt weitergehen? Ich konnte doch nicht für immer an einem spirituellen Lehrer kleben! Und gleich zum nächsten zu rennen, machte auch nicht viel Sinn. Ich wollte auch nicht wieder so wie vorher leben, als ich von all diesen Dingen zwar gehört hatte, aber sie nur intellektuell oder in ganz kurzen Augenblicken erfassen konnte. Was für ein spirituelles Dilemma! Meine Verwirrung war größer denn je. Ich hatte einen Blick in den offenen Himmel geworfen, hatte gesehen, was Wahrheit bedeutete, was möglich war, und der Himmel hatte sich mir wieder verschlossen. Die Existenz hatte mir Einblick gewährt. Wie eine wunderbare Geliebte, mit der sich plötzlich ganz neue Dimensionen auftaten und die plötzlich wieder weg war. Verschwunden, von einem Tag auf den anderen. Und doch wusste ich jetzt aus erster Hand, dass die Ursache meines Glücks in mir lag und nicht von äußeren Umständen abhing.

Kurioserweise war es einige Monate später wieder Devaprem, der einen großen Teil meiner Fragen beantworten und mir ein Werkzeug für selbstverantwortliches, spirituelles Wachstum in die Hände geben konnte. Ich organisierte für ihn ein Seminar, in dem er eine neue ganzheitliche Methode vorstellte. Anschließend führte ich ein ausführliches Interview für das *Connection*-Magazin mit ihm, aus dem ich folgenden Auszug zusammengefasst habe:

> *„Was passiert, wenn Leute im Satsang sitzen mit einem Meister? Wieso sind sie plötzlich voller Energie? Ich habe das Phänomen untersucht und bemerkt, dass es eigentlich die Existenz ist, die an den Leuten arbeitet. Wenn Leute vor einem Meister sitzen, wird zwar auch Energie vom Meister an die Leute abgegeben, aber es fließt auch direkt Energie von der Existenz in die Leute, die Verspannungen auflöst. Ich habe gesehen, dass es grundsätzlich möglich ist, ohne Anwendung von irgendwelchen*

therapeutischen Methoden, ohne Anwendung von besonderen Techniken, ohne beim Meister oder einem spirituellen Lehrer sein zu müssen, die Existenz dazu zu veranlassen, direkt an einem selbst zu arbeiten. Das Schöne an dieser Methode ist, dass sie mit der Stille arbeitet. Mit anderen Worten: Ich empfinde eine Verspannung, die mich aus meinem Herzen herausträgt, ich wende die Methode an, die Existenz arbeitet direkt an mir und trägt mich direkt in mein eigenes Wesen zurück. Und in diesem eigenen Wesen sitze ich in Meditation. Es ist eine Methode, die entspannt, es ist die komplette Synthese von Therapie und Meditation." (Devaprem)

Nach diesem Seminar brannte ich darauf, diese Methode anzuwenden, und fand auch, gleich in den Tagen darauf, den richtigen Stoff dafür. An meinem Arbeitsplatz hatte ich gerade einen deftigen Streit mit einer Kollegin gehabt. Ich hatte eine Stinkwut auf diese Frau und beschuldigte sie, mich zu hintergehen und in der Firma gegen mich zu mobben und giftige Intrigen anzuzetteln. Gleichzeitig fühlte ich mich hilflos, weil ich nicht wusste, wie ich gegen sie angehen konnte.

Nach einigen zugeschlagenen Türen erinnerte ich mich an das Seminar, suchte mein Meditationskissen auf und bat meine innere Führung in Gedanken um Unterstützung. Daraufhin stellte ich mir die Kollegin und den Streit, den wir hatten, vor und ließ die Wut in meinem Körper lebendig werden, ohne diese auszuagieren oder mich darin zu verlieren. Als die Wut richtig präsent in meinem Körper war, bat ich um ein Bild oder eine Situation aus meiner Vergangenheit, die der Schlüssel für meine Wut und meine Hilflosigkeit war. Prompt kam eine Situation aus meiner Kindheit, die ich längst schon vergessen hatte. Ich spürte wieder die Wut, die Ohnmacht und Hilflosigkeit des kleinen Jungen, der ich gewesen war, und bat um Licht und Energie, um dieses Muster aus der Vergangenheit aufzulösen. Ich legte mich dazu auf eine Matratze und berührte mit den Fingerspitzen die Stellen meines Körpers, in denen diese Emotionen gerade präsent waren. Nach etwa zehn Minuten entspannte ich mich, und alle belastenden Emotionen waren wie weggeblasen.

Richtig beeindruckt war ich allerdings erst am kommenden Tag, als mir meine Kollegin im Büro begegnete und keine emotionale Reaktion mehr in mir auftauchte. Ich hätte mich schon richtig bemühen müssen, weiterhin auf sie wütend zu sein, während ich mich am Tag zuvor am liebsten krank gemeldet hätte, um ihr nicht begegnen zu müssen. Schließlich löste sich der Konflikt in den nächsten Tagen auf. Dies war also meine erste Übung mit Unterstützung der Existenz im Alltag und ich war mir hundertprozentig sicher, die beste, einfachste und effektivste Methode für spirituelles Wachstum, die gerade auf diesem Planeten zur Verfügung stand, gefunden zu haben.

Ein wichtiges Merkmal dieser Arbeit ist eine innere Haltung der Empfänglichkeit. Wir Menschen sind selten selbst im Besitz von Heilkräften. Doch können wir den Heilenergien aus dem Kosmos als geeignetes Instrument zur Verfügung stehen und uns dafür öffnen, dass hilfreiches Licht aus den unsichtbaren Bereichen durch uns fließen kann. Der menschliche Körper wirkt dabei offenbar als Transformator, durch den diese Energie in eine Frequenz übersetzt wird, die vom Empfänger aufgenommen werden kann. Diese Energie wird entweder mit den Händen oder mit den Fingerspitzen übertragen. Die lebendige Präsenz von Gefühlen im Körper des Klienten wirkt verstärkend auf die einströmende Energie. Ebenso wichtig ist eine klare Erklärung der Absicht.

Der Klient könnte zum Beispiel im betreffenden Moment aussprechen, dass er um Licht und Energie bittet, um die belastende Blockade, die gerade im Körper präsent ist, aufzulösen. Darüber hinaus ist eine innere Haltung der Hingabe an eine höhere Intelligenz hilfreich. Ich selbst habe mehrmals erlebt, dass Spannungen und negative Muster nach einigen Minuten einfach weggeschmolzen sind.

Wir können uns bildlich vorstellen, dass unterdrückte Emotion auf so manchem Gedankenmuster sitzt wie ein Sack Zement. Unbeweglich, schwer und starr. Wenn nun diese betreffende Emotion wieder geweckt und lebendig wird im Körper, sie wieder präsent ist und gefühlt wird, kann das Licht aus der geistigen Quelle bewirken, dass Heilung geschieht und das zwanghafte Muster sich auflöst. Im besten Falle kann dieser Sack Zement auf die Seite geräumt werden und verschwindet aus unserem Leben. Die Ausstrahlung der Person nach einer gelungenen Behandlung ist oftmals sehr schön. Die Energie im Raum ist feierlich und alle Anwesenden sind liebevoll integriert und tief im Herzen berührt. Wichtig ist mir an dieser Stelle zu bemerken, dass diese Form von Energiearbeit nur eine Ergänzung darstellt und keinesfalls ein Ersatz für eine Psychotherapie ist und auch nicht sein kann. Wenn jemand sehr verstrickt ist in innere Kämpfe und Projektionen, ist fachliche Unterstützung oftmals die einzig angemessene Möglichkeit, wieder neue Horizonte wahrnehmen zu können.

Ich selbst widmete dieser Arbeit einige Jahre lang meine ganze Energie und Begeisterung. Besonders ein Erlebnis ist mir in guter Erinnerung geblieben: Männer und Frauen werden in Tantra-Gruppen gerne für eine Weile getrennt. So war es auch der Fall bei jenem Seminar: Als alle Männer gerade sehr ausgelassen miteinander waren, fing Joachim, ein 40-jähriger Beamter, plötzlich zu schluchzen an. Er teilte mit, dass er sich seit einem Verkehrsunfall in seinem neunten Lebensjahr nicht mehr richtig entspannen konnte. Immer wenn er sich entspannte, bekam er Panikzustände. Dementsprechend wenig positive Erfahrungen hatte er in seinem Leben auch mit Frauen und Sexualität gemacht. Wir Männer nahmen ihn in die Mitte und legten unsere Hände sanft auf seinen Körper, während er seinen uralten Schmerz fühlen konnte. Ich forderte Joachim auf, die Existenz um heilendes Licht zu bitten. Bereits nach wenigen Minuten konnte jeder Teilnehmer spüren, wie sich sein Körper entspannte. Es war ein großes Geschenk für ihn und alle Männer, diese heilsame Erfahrung miteinander zu teilen. Später in der Abschlussrunde äußerte Joachim den Wunsch, sich in die Mitte zu legen und von allen Frauen in der Gruppe berührt und gestreichelt zu werden. Zwei Wochen später besuchte er mich und schenkte mir zum Dank dafür, dass sein Trauma so mühelos aufgelöst werden konnte, einen besonderen Stein. Noch unzählige Male wurde ich bis heute darin bestätigt, dass eine Verbindung mit diesen Kräften segensreich ist und uns Tore zu neuen Dimensionen und Möglichkeiten öffnen kann.

Eine weitere segensreiche Variante dieser Verbindung mit der geistigen Welt liegt im Bereich der Empfängnisverhütung. Wir können es uns vielleicht nicht so recht vorstellen, aber möglicherweise kann allein der freie menschliche Wille, verbunden mit der achtsamen Verbindung zu unserer inneren Führung aus der geistigen Welt, darüber entscheiden, ob es bei der körperlichen Vereinigung zu einer Befruchtung kommt. Sicherlich ist die Biologie in der Zeit des weiblichen Eisprungs sehr stark. Dennoch bin ich überzeugt davon, dass die Kraft unseres Geistes sich über diese Begrenzung hinwegsetzen kann. Ich gehe davon aus, dass viele Menschen früher über diese Fähigkeit verfügt haben. Das Christentum hat in den letzten 2000 Jahren wirklich ganze Arbeit geleistet, um das menschliche Vertrauen in diese Kräfte auszumerzen und durch Angst und Schuldgefühle zu ersetzen. Jetzt ist es an der Zeit, uns zu erinnern, welche Kräfte und Möglichkeiten uns zur Verfügung stehen. Es mag dreist klingen, aber ich halte es für möglich, dass wir mit der Zeit unsere Sensitiviät so weit entwickeln können, daß wir es rechtzeitig wahrnehmen, wenn sich eine Seele bei uns einnisten möchte. Ganz unabhängig von diesen großartigen Möglichkeiten ist es eine schöne Erfahrung, diese Kräfte in unsere Sexualität zu integrieren. Wenn zwei Menschen meditieren, sich auf die geistige Welt einstimmen und sich in Liebe verbinden, findet ein ekstatisches Fest statt. Warum sich nicht im Liebesspiel diesen Dimensionen öffnen und die ganze Existenz mitfeiern lassen?

> *„Eines Tages, in einem Augenblick, an einem Nachmittag habt ihr vielleicht ein überwältigendes Gefühl des Wissens: Dann erwacht eine Abhandlung von tausend Seiten in fünf Sekunden göttlicher Ekstase zum Leben." (Barbara Marciniak)*

Übung

Falls Sie diese Übung mit Ihrem Lebenspartner machen möchten, fühlen Sie bitte vorher in sich hinein, ob die Beziehung reif und stabil genug ist, sich mit Erinnerungen an sexuelle Erfahrungen vor der gemeinsamen Zeit zu konfrontieren.
Gleich oberhalb unserer Genitalien, am Schambein, befindet sich ein Punkt, von dem aus sehr feine Energiebahnen in unsere Geschlechtsteile gehen. Wir können beginnen, uns gegenseitig heilsame Energie dorthin zu schicken.
Sie brauchen zwei Kissen, eine Decke zum darauf liegen und eine Decke zum zudecken. Sitzen Sie zusammen zur Einstimmung etwa zehn Minuten mit aufrechtem Oberkörper in Stille.
Bitten Sie Ihre innere Führung um Licht und Schutz bei der folgenden Übung.
Anschließend beginnt einer der Partner A dem anderen B ein negatives Erlebnis aus der Vergangenheit zu erzählen, das etwas mit dem Thema Sexualität/ Mann/ Frau zu tun hat.
Wenn Sie diese Übung alleine machen, schreiben Sie ein Erlebnis auf ein Blatt Papier. Sie können auch gerne Ihre innere Führung bitten, Ihnen eine Erinnerung zu schicken, die einen Schlüssel darstellt für eine Blockade in der Sexualität.
Für beide Partner ist es sehr wichtig, in einem guten, vertrauensvollen und reifen Kontakt zueinander zu sein und einander mit sehr viel Achtung zu begegnen.

Nach dem Erzählen schließt A für etwa fünf Minuten die Augen und lässt das Erzählte/Geschriebene im Körper nachschwingen. Alle Gefühle dürfen zugelassen und im Körper lebendig werden.
Daraufhin legt sich A auf die Decke und B berührt mit den Spitzen des Ring- und Mittelfingers einer Hand ganz sanft den Hügel des Schambeins und mit denselben Fingern der anderen Hand berührt er eine Stelle am Körper von A, wo sich das betreffende Gefühl befindet. A bittet nun die Existenz, durch B Licht zu schicken, damit diese Verletzung im besten Falle aufgelöst werden kann. Es ist gut, diese Bitte bzw. diese Absicht laut auszusprechen.
In den folgenden zehn Minuten liegen einfach die Fingerspitzen von B auf den betreffenden Körperstellen von A. Die Energie fließt in den Körper von A.
Für B ist es ratsam, eine aufrechte, aber bequeme Körperhaltung einzunehmen. Wenn eine Entspannung im Körper von A eintritt, kann B zum Abschluss noch seine Hände auf den Körper von A legen und auf diese Weise die Behandlung ausklingen lassen.
A bedankt sich zuerst bei der Existenz und anschließend bei B für das Licht und darf sich noch ein wenig ausruhen, um das Erlebte zu integrieren. B deckt A mit einer Decke zu, holt frisches Wasser zum Trinken und achtet darauf, was A jetzt braucht, um sich wohl zu fühlen.

Manchmal kommt es bei dieser Übung zu einer unmittelbaren Befreiung von einer Blockade. Und es kann auch vorkommen, dass durch das Hinschauen, Hinfühlen und das Licht weitere verborgene, unterdrückte Bereiche in Bewegung geraten. Dann ist es angemessen, sich um zusätzliche Unterstützung in Form eines Freundes, einer Gruppe oder eines Therapeuten zu bemühen.

An dieser Stelle ist es mir wichtig, darauf hinzuweisen, dass sie immer ausreichend Wasser trinken sollten, wenn sie mit diesen Energien arbeiten. Man kann es sich bildlich vorstellen, dass alte Blockaden und Gifte hochkommen und der Körper nach der emotionalen Befreiung die Aufgabe hat, diese Gifte wieder auszuscheiden. Und Bewegung in der frischen Luft hilft dem Körper, das Erlebte zu integrieren und die Energien wieder in Balance zu bringen. Die meiste Arbeit geschieht aber in unserem Körper ganz von selbst. Es ist nur wichtig, zur rechten Zeit die rechten Impulse zu geben, damit diese hochintelligenten Selbstheilungskräfte angeregt und aktiviert werden.

6 Shiva Om Namah

Du kommst der Wahrheit näher, wenn du siehst, dass es an und für sich keine Grenzen gibt, und die Realität das ist, was die Leute aus dieser kleinen Weisheit machen.

Robert A. Wilson

TANTRA SAGT, DASS SHIVA das göttliche männliche Prinzip verkörpert und Shakti entsprechend das göttliche weibliche Prinzip. Die Hochzeit geschieht, wenn die Shiva- und Shakti-Energie im Menschen aufblüht und das Weibliche mit dem Männlichen verschmilzt. Dies dürfte wohl der schönste, freudigste und ekstatischste Weg sein, um wieder zum Bewusstsein der Einheit zurückzukehren.

Ein kleiner Blick in die Welt oder in unser eigenes Leben reicht aus, um zu sehen, dass es in den meisten Fällen mit diesem Verschmelzen nicht so weit her ist. Allerdings darf nicht unerwähnt bleiben, dass das Männliche und das Weibliche auf diesem Planeten seit ein paar Jahrzehnten eine sehr spannende Übergangszeit durchlebten. Tantra sagt, dass alles dazugehört und auch das Chaos in Ordnung ist.

Man könnte auch sagen, dass das Dilemma zwischen Männern und Frauen deshalb entstehen konnte, weil sich das männliche Prinzip von Shakti abgewandt hatte und deshalb der innerste Kern der Frauen den Männern nicht mehr wirklich ihr volles Vertrauen schenken konnte. Auf der Beziehungsebene könnte das bedeuten, dass Männer, die das Shakti-Prinzip nicht ehren (dass jede Frau ein Aspekt der

Göttin ist), letztlich kein wirkliches Glück in der Liebe und der Sexualität haben werden.

Noch verständlicher wird diese innere Gesetzmäßigkeit, wenn man das Denken, Sprechen und Handeln von Männern betrachtet, die eine geringschätzige Haltung gegenüber Frauen an den Tag legen, oder eine Trennung bzw. Scheidung nicht verarbeiten konnten und noch alten Groll gegen eine Frau mit sich herum schleppen. Ebenso wie ein Trauma oder ein Schockerlebnis die Synchronizität der beiden Gehirnhälften schwächt, kann eine Enttäuschung oder eine Trennung sehr schnell in die Abspaltung und innere Isolation führen. Man denkt nicht mehr liebevoll über das weibliche Prinzip. Selbsthass wird zum Lebensmotto. Dementsprechend wird sich Shakti nicht mehr eingeladen fühlen, in ihrer ganzen Schönheit und Fülle zu erscheinen. Weder innen noch außen.

Das gleiche Prinzip lässt sich natürlich ebenso umwandeln auf Frauen, die lange Zeit nach einer Trennung noch immer Ärger auf den Ex-Mann empfinden, und damit verhindern, dass Shiva in Form einer neuen Liebe zur nächsten Party erscheint. Wie bereits ausführlich besprochen, halten wir uns in der Zwischenzeit gewöhnlich mit Ersatzbefriedigungen über Wasser, bis uns das Leben dazu drängt, wieder zu fühlen und unsere fixierten Vorstellungen loszulassen. Für die Liebe gibt es eben keine Alternative. Der Tanz von Shiva und Shakti will getanzt werden. Und zwar sowohl sein schmerzhafter, unbewusster und zerstörerischer wie auch der schöpferische, liebevolle und ekstatische Aspekt.

Die Grenzen zwischen Mythologie und der Inspiration für tantrische Lebenskunst im Alltag verschwimmen in dieser größeren Perspektive möglicherweise. Aber dieses Risiko müssen wir eingehen. Wenn wir nicht bereit sind, mit unseren Gefühlen in Frieden zu leben, wird es schwierig, unsere Gedanken und inneren Einstellungen zu betrachten und darüber hinaus selbstverantwortlich zu bestimmen, wer wir sein und wie wir leben möchten. Irgendetwas wird uns immer wieder emotional runterziehen, während die Ursache für dieses Karma völlig im Nebel bleibt. Ein vergangenes Leben oder ein pränatales Trauma sind immer wieder gute Gründe, um uns als machtlose Opfer weiterhin im Leid zu suhlen.

Solange wir noch die Überzeugung haben, dass etwas anderes in dieser Welt als unser innerstes Wesen für unser Denken, Fühlen und Handeln verantwortlich ist, werden wir uns nicht wirklich heil und ganz fühlen können. Die tiefste Wunde, die wir kennen, ist die Wunde der Trennung und der Verlassenheit. Irgendwann in der Kindheit macht jeder Mensch diese schmerzhafte Erfahrung. Sie scheint wohl zu einem Menschenleben dazuzugehören. Gerade noch verschmolzen in der Einheit mit der Mutter bzw. dem Vater, erscheinen mit der schrittweisen Ablösung zwangsläufig die entsprechenden Erlebnisse von Isolation und Verlassenheit. Im Unbewussten lauernd, treibt uns diese Wunde immer wieder dazu, die Erlösung im Äußeren bei einem Mann oder einer Frau zu suchen. Der hohe Erwartungsdruck, den wir oft auf einen Partner projizieren, ist meistens auf diese im Unbewussten lauernde Angst vor dem Getrenntsein zurückzuführen.

Wenn man keine Beziehung hat, verfällt man dagegen leicht in die Traumprinz-Illusion: „Eines Tages wird er oder sie kommen und mich erlösen". Oder auch nicht. Die Nabelschnur jedenfalls ist durchgeschnitten, so sehr wir uns auch bemühen, sehnen und abstrampeln, die verlorene Einheit aus unserer Vergangenheit wiederherzustellen.

Shiva und Shakti haben währenddessen nichts damit am Hut, als Mama oder Papa in unser Leben zurückzukehren. Schließlich sind wir heute mündige erwachsene Männer und Frauen mit der Möglichkeit, weitaus größere Aspekte des Weiblichen bzw. Männlichen zu erfahren und zu integrieren, als die Bilder unserer Eltern, die uns noch im Kopf und in den Knochen herumschwirren.

> *„Unsere größte Angst ist nicht, dass wir unzulänglich sein könnten. Unsere größte Angst ist, dass wir grenzenlos mächtig sein könnten. Unser Licht, nicht unsere Dunkelheit ängstigt uns am meisten." (Nelson Mandela)*

Shakti und Shiva wollen geehrt und in unser Leben eingeladen werden. Doch einen Gott oder eine Göttin ins tägliche Leben zu integrieren erfordert den Mut, sich selbst und andere Menschen aus einem völlig neuen Blickwinkel zu betrachten. Es bedeutet, in Erwägung zu ziehen, dass wir möglicherweise nicht Recht haben mit dem Bild, das wir von uns selbst, anderen Menschen und dem Universum haben. Nachdem wir mittlerweile bereit sind, unseren physischen Körper zu entspannen bzw. wieder vollständig zu bewohnen, und uns gleichzeitig wieder physisch verfügbar für das volle Spektrum unserer Gefühle und Emotionen machen, besteht der dritte Schritt darin, die Absicht auszusprechen, unser Leben im Einklang mit der Existenz zu gestalten. Mit anderen Worten: Wenn sie bereit sind alles zu fühlen, sind sie auch bereit, ihr Leben nach großzügigeren Prinzipien auszurichten. Im besten Falle könnten sie plötzlich alles fühlen, tun und sein, was sie möchten, und hätten einen Mordsspaß dabei.

„Sobald wir das wollen und akzeptieren, was wir bekommen, bekommen wir, was wir wollen." (Krishnananda & Amana)

Eine gute Absicht als Mann könnte darin bestehen, das göttliche weibliche Prinzip wieder zu ehren, und sich dadurch Shakti wieder anzunähern. In welcher Form auch immer das geschieht. Vermutlich wartet sie seit 3000 Jahren darauf. Für den Anfang könnte es hilfreich sein, ein kleines Ritual zu gestalten oder sich mit früheren Liebespartnern oder den Eltern auszusöhnen. Ein versöhnlicher Anruf oder ein Treffen, an dem man sich einfach die Hände reicht und gegenseitig vergibt, kann energetisch bereits kleine Wunder bewirken. Der Preis dafür ist das Infragestellen unserer gewohnten Identität, mit der wir uns bisher zwar sicher, aber auch nicht so richtig glücklich gefühlt haben.

Liegt eine erwachsene Frau innerlich noch im Clinch mit ihrem Vater, wird sie nicht gut über Männer denken und Shiva bzw. den göttlichen Kern dieser Männer damit auf die Dauer ins Unrecht setzen. Unsere mangelnde innere Wertschätzung und Achtung wird sich in all unseren Worten und Gedanken über das andere Geschlecht ausdrücken und entsprechende Erfahrungen und Begegnungen in unser Leben rufen. Am anderen Ende der Skala könnten wir sagen, dass der bedürftige Mann mittleren Alters, der kein Glück mehr bei Frauen hat und stattdessen zu Prostituierten geht und sich häufig Pornofilme reinzieht, sich wahrscheinlich in einem Teufelskreis befindet, weil er in seinen Handlungen und Gedanken weder sich selbst noch dem weiblichen Prinzip genügend Achtung entgegenbringt.

Wenn wir uns unsere inneren Einstellungen und Gedanken

gegenüber dem anderen Geschlecht bewusst machen und dabei in Erwägung ziehen, dass wir damit dem Prinzip von Shakti und Shiva vermutlich nicht genügend Ehre erweisen, ist bereits ein erster und wichtiger Schritt getan. Dabei sind Äußerlichkeiten nicht der springende Punkt.

Es geht vielmehr um unsere eigene bewusste Motivation und Absicht, dem anderen Geschlecht zu begegnen. Berühren wir die Brüste einer Frau, obwohl wir nicht wirklich offen und präsent sind, nur um uns daran aufzugeilen? Wie würde es sich dagegen anfühlen, die Brüste einer Göttin zu berühren? Sind wir inzwischen entspannt und verwurzelt genug, um all unseren Gefühlen und Impulsen zu vertrauen, sie auszuhalten und dabei präsent zu bleiben? Es geht nicht darum, irgendetwas plötzlich richtig zu machen, was wir bislang falsch gemacht haben. Tantra kümmert sich nicht um moralische Werte. Es geht vielmehr um eine völlig neue Betrachtungsweise der Möglichkeiten, sich selbst und dem anderen Geschlecht zu begegnen. Sich wirklich im innersten Kern zu berühren und berühren zu lassen.

Die Anziehung zwischen Mann und Frau hat etwas mit Energie zu tun. Ganz offensichtlich. Wenn wir uns am Modell der Chakren orientieren, können wir sehen, dass Mann und Frau unterschiedlich gepolt sind. Diese energetische Dualität wirkt sich ganz entschieden auf die Struktur und Dynamik unserer Liebesbeziehungen und deren sexuellem Ausdruck aus. Der Mann hat ein positiv geladenes erstes Chakra, die Frau ein negativ geladenes. Ebenso ist die Frau im Herz-Chakra positiv gepolt, was sich durch die Brüste ausdrückt, und der Mann entsprechend negativ. Diese Energien sind wertfrei, wie der Plus-/Minuspol bei Magneten und Batterien. Wenn sich zwei Liebende vereinigen, schenkt der Mann im besten Falle der Liebsten seine Energie durch den Penis in ihrer Vagina, und diese Energie fließt als Liebesenergie von ihrem Herzen wieder zu ihm zurück. So entsteht ein entspannter Kreis von stiller Ekstase zwischen Mann und Frau. Die Energie wird nicht im Schweinsgalopp im ersten Chakra durch einen Samenerguss entladen, sondern darf nach oben steigen und die ganze Wirbelsäule und den Körper mit neuer, vitaler, ekstatischer Energie versorgen.

Wie schon gesagt, nichts gegen heißen Sex und einen Quickie am Nachmittag, aber es gibt eben noch andere Möglichkeiten. Der Regenbogen unserer Ausdrucksformen hat viele Farben. Allerdings, je sensitiver und meditativer ein Mensch wird, desto schwieriger wird es Sex zu haben, wenn keine Liebesenergie fließt. Es könnte sich anfühlen, als ob jemand unseren eigenen Energiekörper vergewaltigen würde.

Wenden wir uns mal bewusst der anderen Seite der Skala zu. Wenn wir uns gewöhnliche Pornofilme ansehen, stellen wir fest, dass der Penis dort wie eine Waffe benutzt wird, um zu demonstrieren, dass der Mann die Frau dominiert. Die Polung des ersten Chakras, unbewusst ausgelebt, ruft vertraute Bilder in uns hervor: Die Frau unterwirft sich dem stärkeren Mann. Der Mann besorgt es ihr und betrachtet sie als seinen Besitz. Die Frau ist sozial, finanziell und sexuell vom Mann abhängig. Er sitzt mit seinen Kumpels in der Kneipe, während die Frau inzwischen Herd und Haus sauber hält. Wenn er angetrunken und enthemmt nach Hause kommt, dann wird er sie ficken. Die Frau erfüllt ihre ehelichen Pflichten und vermeidet, weiter darüber nachzudenken, dass es ihr nicht wirklich Vergnügen bereitet, ja, dass sie sich sogar benutzt fühlt. Sie würde sich massiven Ärger einhandeln.

Diese Haltung war einmal die Norm in unserer Gesellschaft. Und in anderen Ländern und Kulturen ist das immer noch so. Wir kommen aus einer Kultur, in der diese Art von Zusammenleben im Einklang mit dem gesellschaftlichen Kontext lag. Können Sie sich das vorstellen?

Ich hab einen gewagten Songtext aus den vierziger Jahren ausgegraben. Lesen Sie mal:

> *„Er nimmt für seine ungeputzten Stiefel meinen Tisch als Lagerstätt, aber sonst ist er so nett. Er streut auf meinen Teppich seine Asche und klaut mir jede Mark aus meiner Tasche, aber sonst ist er so nett. Er kommt sogar mal nüchtern an mitunter, doch öfter noch haut er mir eine runter. Zum Feuermachen nimmt er meine Bücher, er schneuzt sich auch die Nase ohne Tücher. Aber sonst ist er so nett. Er ist nicht klug, er ging auf keine Highschool, er spuckt dagegen auf mein Parkett, er frisst das Fleisch und lässt mir bloß den Weißkohl, aber sonst ist er so nett." (Tatjana Sais)*

Wenn wir diesen Text auf die sexuelle Ebene übertragen, haben wir eine anschauliche und gruselige Vorlage, wie sich die unterschiedliche Polung des ersten Chakras von Männern und Frauen auf einer unbewussten Ebene auswirken kann. Schließlich kamen die sechziger Jahren. Und mit ihnen die Anti-Baby-Pille, Oswald Kolle und Alice Schwarzer. Seitdem ist offiziell Schluss mit dieser komischen Unterdrückerei.

Die Frauen begannen sich endlich zu wehren, sich über die

gesellschaftlich akzeptierte Ehe-, Familien- und Sex-Sklaverei zu erheben, und ihr Leben, ihren Spaß und ihre Sexualität selbst in die Hand zu nehmen. Natürlich musste das Pendel erst mal auf die andere Seite schwingen, und viele Frauen demonstrierten ganz deutlich ihre Ablehnung zum bisherigen Weltbild bzw. den Männern. Zum Vergleich der Auszug eines Songtextes aus den späten Siebzigern:

> *„Ich schenk dir keine Kinder zum Zeitvertreib, leg mir lieber Puder, Kamm und Lippenstift bereit, dann geh ich mit Frau Holle auf'n Strich, kurz gesagt: Du bist mir einfach widerlich. Ich bin nicht deine Fickmaschine, spritz spritz, das is'n Witz, Schätzchen, wir müssen ausa'nanda gehen, Tschau Tschau du alte Sau!!!" (Nina Hagen)*

Na ja, das kann's ja auch nicht sein. In Wirklichkeit näherten sich durch die sexuelle Revolution die Geschlechter einander an. Männer begannen ihre weiblichen Anteile zu integrieren und Frauen ihre männlichen. So war es spätestens in den achtziger Jahren völlig akzeptabel, dass die Frau losgeht und Karriere macht, während der Mann zu Hause dem Baby die Windeln wechselt. Warum auch nicht? Männer wagten plötzlich, echte Gefühle zu zeigen, und Frauen wurden unabhängiger. Doch plötzlich begannen sich Frauen zu beklagen, dass die Männer solche Schlappschwänze geworden seien, und die Männer verstanden die Welt nicht mehr, weil die Frau plötzlich die Überlegene zu sein schien. Ohne mit der Wimper zu zucken, ließ die Frau sich scheiden, während dagegen, immer öfter, vom stolzen Mann früherer Epochen nur noch ein finanziell und emotional ausgelutschtes Wrack übrig blieb. In vielen Fällen aber wurden Beziehungen ein ziemlich orientierungsloses Dahingewurschtel. Mann und Frau waren zwar gleichwertig, wussten aber nicht mehr genau, wer jetzt eigentlich wen beim Tanzen führen sollte. Konnte man sich schließlich einigen, musste man oftmals feststellen, dass es gar nicht mehr so einfach war, den anderen zu führen bzw. sich führen zu lassen.

Die unbewusste Ebene des ersten Chakras war transformiert, aber es gab kein neues, befriedigendes Modell am Horizont. Und rein gesellschaftlich betrachtet gibt es tatsächlich immer noch keines. Liebesbeziehungen, die über längere Zeit wirklich blühen und funktionieren, sind nach wie vor eine Rarität. Neben unseren Eltern, die sich immerhin mit der Zeit in ihren Rollen arrangierten und bis heute teilweise um die fünfzig Jahre zusammen bzw. verheiratet sind, spricht man in der Generation der heute 25- bis 45-jährigen bereits von einer längeren Beziehung, wenn man es gerade mal vier Jahre miteinander aushält. Rein biologisch gesehen auch eine ganz einleuchtende Zahl, habe ich irgendwo gelesen, weil schließlich das Weibchen des Neandertalers das Männchen nach vier Jahren nicht mehr ganz so dringend brauchte, und er das nächste Weibchen besteigen und schwängern konnte. Sind wir, ohne es zu bemerken, noch etwas tiefer gerutscht?

Denke ich an meine letzte 4-Jahres-Beziehung, fällt mir immer wieder dieser Sonntag mit dem Hochwasser ein. Wir waren auswärts essen, hatten ein längeres Gespräch und beachteten den gewaltigen Wolkenbruch draußen vor dem Fenster nicht sonderlich. Auf der Fahrt nach Hause stellten wir fest, dass die Straßen der Dörfer vor unserem Bauernhof komplett unter Wasser standen. Die Wahrscheinlichkeit, dass unser Golf mitten im mehr als kniehohen Hochwasser zum Stehen kommen würde, schien wesentlich höher als die Aussicht, bald nach Hause zu kommen. Mein innerer Impuls war klar. Ich wusste, dass ich ein guter Fahrer bin, und fühlte mich herausgefordert, es einfach auszuprobieren. Obwohl Diana eine ziemlich nervige Beifahrerin sein konnte, blieb sie in diesem Falle ganz still. Das war wohl eine Nummer zu groß und sie beschloss vermutlich, mir einfach mal zu vertrauen. Schließlich schafften wir es und kamen tatsächlich unversehrt und trocken nach Hause. Den darauf folgenden Abend habe ich als einen der besten unserer ganzen Beziehung in Erinnerung. Wir kamen uns sehr nahe und fühlten uns so wohl miteinander wie lange nicht mehr. Ich wurde erst im Nachhinein durch dieses Erlebnis wieder gewahr, welch zentrale Rolle die polare Dynamik in Beziehungen und im Tantra doch spielt. Das weibliche Prinzip möchte auch im neuen Jahrtausend noch dem männlichen Prinzip vertrauen und sich hingeben. Daran hat sich nichts geändert. Das scheint wohl tatsächlich ein Ausdruck der Yin/Yang- oder Shiva/Shakti-Natur unserer Lebensenergie zu sein.

Möglicherweise ist der natürlichste Weg zu Einheit und Harmonie zwischen den Geschlechtern darin zu finden, die Polarität zwischen Mann und Frau zu begreifen und wirklich bewusst zu leben. Aber eins nach dem anderen.

> *„Om Namah Shivaya, Shiva Om Namah" – Herr, dein Wille geschehe, ich verneige mich vor dir, Shiva, vor dem Höchsten (Trad. Indien)*

Wenn Sie Mantras mögen, kann das ein Weg sein die Shiva-Energie ins Leben einzuladen. Welche Möglichkeiten gibt es noch, uns mit der Shiva-Energie zu verbinden? Welchen Weg können wir wählen, um einen neuen Tanz mit Shakti zu kreieren? Einen Tanz, in der all unsere männliche Kraft und Schönheit zum Vorschein kommt und wir gleichzeitig ein präsentes, liebevolles und fühlendes Wesen sind. Auf der mentalen Ebene des 3. Chakras verlieren wir uns häufig in Projektionen.

Andere Menschen verfügen über großartige Eigenschaften und wir begnügen uns damit, diese Bilder anzuhimmeln. Ein kleines Beispiel: Ich selbst verabscheue rohe, körperliche Gewalt. Und doch empfinde ich größten Respekt, Bewunderung und sogar Liebe für einen Mann, der mit seinem Wirken und seinem Vorbild einen Unterschied im Leben vieler Menschen bewirkt hat und darüber hinaus einmal Weltmeister im Schwergewichtsboxen war: Muhammed Ali.

Der Dokumentarfilm über Alis Weltmeisterschaftskampf 1974 in Zaire *(When we were Kings)* ist einer meiner absoluten Lieblingsfilme. Damals war ich unschuldige neun Jahre alt und Ali ein einmaliges, schillerndes Phänomen in der Welt des Sports. Mit meinem Vater zusammen saß ich um vier Uhr morgens vor dem Bildschirm und verfolgte diesen Kampf. Ali war ein Großmaul. Er kam in den Ring und schrie ins Publikum, dass er der Größte sei, der König der Welt. Er gewann diesen Kampf, nachdem er im Ring gebetet hatte und schließlich zur richtigen Zeit das Richtige tat. 1967 wollte man ihn nach Vietnam einziehen, und er verweigerte den Dienst mit den Worten, dass kein Vietcong ihn jemals einen Nigger genannt hätte. Dafür wurde ihm der Weltmeistertitel abgesprochen, er verlor mehrere Millionen Dollar und musste sogar ins Gefängnis. In Zaire holte er sich dann den Titel zurück. Ali war und ist gläubiger Muslime, der trotz seiner Krankheit – er leidet an Parkinson – heute eine große Würde, eine wärmende Herzlichkeit und einen inneren Frieden ausstrahlt. Als Ali im Sommer 1996 bei den Olympischen Spielen in Atlanta die Fackel trug, blieb mir fast das Herz stehen vor Rührung, Ehrfurcht und Respekt. Ich bin kein Freund des Boxsports, doch wenn ich an Ali denke, geht mein Herz auf. Wenn ich den Namen Ali höre, bewegt das mehr in mir, als beispielsweise der Dalai Lama oder Mahatma Ghandi es tun.

Übung

Haben Sie Lust auf ein kleines Spiel? Machen wir uns doch an diesem Punkt die Freude und schreiben unsere ganz private Top-Five der Männer und Frauen auf ein Blatt Papier, zu denen wir aufsehen, bei denen wir eine Gänsehaut kriegen, in die wir unsere großartigsten Eigenschaften und Möglichkeiten hineinprojizieren und die für uns eine Vorbildfunktion erfüllen.
Nehmen Sie sich einen Stift, und schreiben Sie die Namen Ihrer Helden auf ein Blatt Papier. Lassen Sie die Reihenfolge aus dem Bauch heraus kommen. Die Liste wird nicht benotet, und gewinnen kann man auch nichts. Lassen Sie Ihren Intellekt beiseite. Wenn Ihnen jemand einfällt, der tausend Klischees erfüllt, wie z.B. Mick Jagger oder Pamela Anderson, schreiben Sie auch diese Namen auf. Es dürfen aber auch tolle Menschen aus Ihrem Bekanntenkreis sein.

Gehen Sie dieses Spiel nicht allzu ernst an. Die Liste sollte ein Ausdruck Ihrer aktuellen Stimmung sein. Neben die Namen schreiben Sie bitte ein Merkmal bzw. den Beruf, die Tätigkeit dieses Menschen, (z.B. Tom Cruise/Schauspieler) und anschließend die herausragende Eigenschaft, etwas, das Ihnen an diesem Menschen besonders imponiert oder gefällt. Denken Sie nicht zu viel dabei nach. Urteilen Sie nicht. Wenn Ihnen bei Pamela Anderson als hervorstehende Qualität deren Brüste einfallen, wunderbar. Wenn allerdings Ihre Liste voll ist mit solchen Plattheiten, fangen Sie dieses Buch bitte noch mal von vorne an, bis Ihnen was Vernünftigeres einfällt!
Sie haben für die Namen etwa fünf Minuten Zeit und für die Qualitäten auch. Fangen Sie an. Weil ich der Autor dieses Buches bin, darf ich auch mitspielen. Lassen Sie sich aber durch meine ganz persönlichen Top-Five nicht irritieren:

Männer
1. *Osho, erleuchteter Meister,*
   unbeschreiblich
2. *Keith Richards, Rolling Stone,*
   „der vollkommene Riff"
3. *Muhammed Ali, ehem. Boxweltmeister,*
   Charisma / Spirit/ Kraft
4. *John Lilly, Wissenschaftler,*
   grenzenloser Forschungsdrang
5. *Timothy Leary, Wissenschaftler,*
   verrückt / seiner Zeit voraus

Frauen

1. *Madonna, Musikerin,*
   Kreativität / Ausstrahlung
2. *Cate Blanchett, Schauspielerin,*
   macht ihren Job genial
3. *Linde Heidenreich, Atemlehrerin,*
   großes Herz / Gelassenheit
4. *Caroline Willer, Reitlehrerin,*
   Lichtgestalt
5. *Myriel Hadulla,Tochter,*
   bezauberndes Wesen

Sie haben es wahrscheinlich schon vermutet, dass so etwas kommt: Streichen Sie die Namen und Berufe Ihrer Idole, sodass man nur noch die Eigenschaften lesen kann. Schreiben Sie Ihren eigenen Namen neben die Eigenschaften. Jetzt sehen Sie Ihren Namen und eine Fülle von Qualitäten und Eigenschaften. Lesen Sie sich diese Liste mehrmals durch, genießen Sie das Gefühl, das dabei entsteht.

„Sieh mal in den Spiegel? Und? Wenn du kein vibrierendes Selbst siehst, das vor Energie und Persönlichkeit überschäumt, dann haust du dich selbst mit dem Geschenk des Lebens übers Ohr." (Gabriele Roth)

7 Top Secret

Ejakulationen pflastern den Weg zum guten Leben, nicht aber zum überragenden Leben.

David Deida

TANTRA MÖCHTE, DASS WIR aus unserem Herzen heraus leben. Aus dem Herzen leben bedeutet, in tiefer Integrität mit der eigenen Wahrheit zu schwingen. Wir wissen um unseren inneren Kern und sind jetzt bereit uns hinzugeben an die Intelligenz des Lebens. Im Herzen zu sein heißt, dem Leben in jedem Augenblick vollständig zu vertrauen. Wir entspannen uns in diesen Augenblick hinein und dehnen uns aus in Vertrauen. Wir befinden uns jederzeit am rechten Ort und tun das Richtige. Wir halten uns nicht an der Vergangenheit fest, sondern lassen los und begeben uns in eine Liebesbeziehung mit der ganzen Existenz.

Im Bereich der zwischenmenschlichen Beziehungen lösen wir uns von allen Dramen aus den unteren Chakren. Geben und Nehmen werden eins. Wir folgen unserem Herz und spüren genau, wann wir uns lieber zurückziehen und alleine sind und wann wir wieder bereit sind, uns zu öffnen und zu verschenken. Wir verlieben uns nicht nur in eine Person, sondern in uns selbst und unser ganzes Leben. Die Liebe durchströmt uns mit ekstatischer Energie und lässt uns tanzen in ihrem Überfluss.

Eine wunderschöne wissenschaftlich-religiöse Definition über das Phänomen des Herzchakras fand ich in einem kleinen Büchlein eines indischen Yogis:

„Die natürliche Liebe des Herzens ist die Voraussetzung für einen heiligen Lebenswandel. Wenn das Herz diese Liebe, das himmlische Geschenk der Natur, zu fühlen beginnt, werden alle Ursachen körperlicher Erregung beseitigt und alle körperlichen Funktionen normalisiert. Auch regt diese Liebe die Lebenskraft an, sodass alle Fremdstoffe auf natürliche Weise ausgeschieden werden, Körper und Geist des Menschen vollkommen gesunden und er aufgeschlossen für die weise Lenkung der Natur wird. Durch die Entfaltung dieser Liebe kann er sein eigenes Selbst sowie seine Umwelt richtig erkennen und ihm wird die große Gunst zuteil mit heiligen Wesen zusammenzukommen, und dadurch für immer erlöst zu werden.
Ohne diese Liebe kann der Mensch weder natürlich leben noch Umgang mit den richtigen Menschen pflegen, die imstande sind, ihm zu helfen. Hingegen wird er oft durch die Fremdstoffe, die er seinem Körper unwissentlich zuführt, in Erregung versetzt, und leidet folglich an Körper und Geist. Er findet nirgendwo Frieden und das Leben wird ihm zur Last. Daher ist die Entwicklung dieser himmlischen Gabe der Liebe die erste Voraussetzung zur Erlösung. Ohne diese Liebe ist es dem Menschen unmöglich, auch nur einen Schritt in dieser Richtung zu tun." (Jnanavatar Swami Sri Yukteswar Giri, Die heilige Wissenschaft, 1949)

Wir leben im Herzchakra in dem inneren Wissen, an eine höhere Energiequelle angeschlossen zu sein. Wir verlassen die Ebene, in der wir unseren Partner dominieren, ihn manipulieren oder es ihm recht machen wollen. Wir verlassen die Identifikation mit unserer begrenzten Persönlichkeit, mit der wir immer wieder aus einer Opferhaltung, Bedürftigkeit und Mangel kommen. Im fünften Chakra schließlich geben wir der Erfahrung unserer Liebe einen individuellen, kreativen Ausdruck. Das offene Herz beginnt zu singen und zu tanzen. In Stimme und Sprache drücken wir unsere innere Wahrheit aus. Viele Menschen, vor allem Frauen, kennen die Erfahrung eines blockierten Kehlkopfchakras. Durch unsere Kultur und unsere Erziehung ist uns häufig der Mut verloren gegangen unsere innere Wahrheit und unsere inneren Bedürfnisse über Sprache auszudrücken. Unsere Stimme drückt sich einerseits in Worte aus, aber anderseits schwingt unser ganzes Sein in jeder Kommunikation mit. Die menschliche Sprache ist ein Wunder. Wir erschaffen die Welt durch Sprache. Wir gewinnen Menschen und berühren Herzen.

> *„Jedes Mal, wenn wir den Mund öffnen, haben wir eine Gelegenheit, das Mysterium des Daseins in dieser Welt in Worte zu fassen." (Margo Naslednikov)*

Haben Sie schon mal einen Vortrag erlebt, den Sie in jedem Augenblick mit größter Aufmerksamkeit verfolgt haben. Oder einen Gesang, bei dem Sie eine Gänsehaut bekamen. Wir lieben Musik, wir lieben Schauspiel und all die anderen kreativen Künste. Unsere kraftvolle Persönlichkeit vermischt sich mit der Liebe unseres Herzens und beginnt sich aus-

zudrücken. Melodien entstehen aus dem Nichts und lassen unsere Ängste schmelzen. Wir hören einen guten Witz und beginnen lauthals zu lachen, sodass unser ganzer Körper bebt und das Zwerchfell sich überschlägt. Oder wir sitzen uns gegenüber und lassen Worte aus unsichtbaren Räumen durch uns fließen, wenn wir mit offenen Herzen kommunizieren.
Vor ein paar Jahren leitete ich zusammen mit Coco Heinrichs eine Frauengruppe mit Männern. Der Name des von ihr entwickelten Workshops war „Top Secret – eine Frauengruppe mit Männern". Es war ein außergewöhnliches Zusammentreffen: ungebundene Männer und Frauen in der gleichen Anzahl in einem Selbsterfahrungswochenende. Die Männer hatten in dieser Gruppe die Aufgabe für die Frauen da zu sein. Eigentlich war „Top Secret" nur eine heiße Party mit therapeutischer Begleitung. Am Sonntagnachmittag bei der Abschlussrunde sprachen allerdings viele Teilnehmer, zu unserer Freude und gleichzeitigen Verwunderung, von der besten Gruppe ihres Lebens. Was war geschehen? Die Gruppe war doch lediglich ein tantrisches Happening für experimentierfreudige Singles gewesen. Es musste wohl mehr dahinterstecken.

> *„Du wirst ungefähr ein Jahrhundert warten müssen, bevor die Evolution jenen Mann produziert hat, den du dir vorstellst. Deshalb geh in der Zwischenzeit raus und tanze mit dem, was da ist." (Lee Remick in „Das große Finale")*

Das Wissen und Verstehen um die polare Dynamik ist offenbar sehr wesentlich für das Verständnis unserer Beziehungen. Der große Erfolg des Buches mit den ‚Männern vom Mars und den Frauen von der Venus' bestätigt sowohl diese Theorie als auch die große Sehnsucht der Menschen, die Unterschiedlichkeit der Geschlechter zu respektieren und zu verstehen. Dabei geht es längst nicht mehr um die emanzipierte Frau im Umgang mit dem dominanten Mann, sondern darum, sich gegenseitig in der Gesamtheit des Wesens zu sehen, zu respektieren und zu lieben. Im besten Falle eben als Mensch gewordene Shivas und Shaktis.

Üblicherlicherweise geschieht es sehr schnell, dass wir einander manipulieren, um Energie vom anderen Geschlecht zu bekommen. Solange Menschen nicht im Herzen verankert sind, geben sie nur gerne, um etwas dafür zu bekommen. Männer besorgen es Frauen in der Regel nicht, um sie damit glücklich zu machen, sondern in erster Linie, damit sie selbst sich in ihrer männlichen Identität gestärkt fühlen. Über das Geschick der Frauen, die Männer zu manipulieren, um ihren Willen zu bekommen, sind unzählige Bücher und Filme produziert worden. Es existiert folglich ausreichend Anschauungsmaterial für dieses Phänomen.

Am Anfang, wenn man frisch verliebt ist, macht das Herzchakra einen Purzelbaum nach dem anderen. Im Laufe der Zeit aber überdecken viele Meinungen, Emotionen und Ängste die Unschuld eines fließenden, vor Freude hüpfenden (und unschuldigen) Herzens. Auf der körperlichen, emotionalen und persönlichen Ebene der ersten drei Chakren werden wir immer etwas vom anderen erwarten und dementsprechend versuchen, einander zu manipulieren. Da brauchen wir uns nichts vorzumachen. Spielen wir also lieber das ganze Drama mit, ohne zu denken, dass wir anders sein sollten: Der Mann sollte genügend sexuelle Kraft haben, um die Frau zu befriedigen. Die Frau dagegen wird sich weiterhin irrational und emotional verhalten, selbst wenn sie gerade nicht prämenstruell ist. Der Mann sollte auch in der neuen Zeit losgehen, sich in der Welt wichtig machen und sein Ding durchziehen. Und die Frau sollte weiterhin ein schönes, liebevolles Zuhause kreieren. Männer wissen inzwischen, wie man Windeln wechselt und die Wäsche bügelt. Frauen sind inzwischen unabhängig, können ihr Geld selber verdienen und unglaubliche Projekte aufziehen.

Inzwischen wissen wir das und können entspannen. Und doch wird sich ein männlicher Mann immer von einer weiblichen Frau angezogen fühlen. Und eine weibliche Frau wird auf der sexuellen Ebene immer mehr auf einen wirklich männlichen Mann reagieren. Die Polarität unseres unterschiedlichen Wesens erhält die knisternde Spannung einer Liebesbeziehung. Sonst könnten wir auch bei unseren Kumpels bleiben oder uns mit platonischen Freundinnen begnügen. Shiva und Shakti gehen ziemlich entspannt mit dem ganzen menschlichen Drama um. Weil wir Menschen eben so sind, wie wir sind auf dieser Welt. Ohne Liebe wäre all das zwar der komplette Wahnsinn. Mit Liebe allerdings ist es eine großartige, ekstatische, göttliche Komödie.

> *„Ein guter Tipp für Männer: Wenn Sie sich auf die Frauen und die Welt überhaupt einlassen, dann tun Sie das besser ganz und gar." (David Deida)*

Der wesentliche Unterschied ist eben nicht, dass man spirituelle Bücher gelesen oder Tantra-Seminare besucht hat, sondern aus dem Herzen heraus lebt. Nichts anderes macht uns frei und glücklich und gibt uns darüber hinaus die Kraft und den Mut, ein authentischer Mann mit Kraft und Gefühl oder eine kreative, wunderbare Frau mit innerer und äußerer Schönheit zu sein. Wenn wir mehr und mehr aus unserem Herzen heraus leben, haben wir es nicht mehr nötig, uns gegenseitig zu manipulieren. Wir können uns in einen stillen Raum von Einheit hinein entspannen und damit beginnen, die Schönheit in der Unterschiedlichkeit von Mann und Frau zu sehen.

Was die Magie der Top Secret Seminare ausmachte, war im Grunde ganz einfach und nahe liegend. Die Frauen waren eingeladen, den Männern mitzuteilen, was sie möchten, und die Männer öffneten ihr Herz, um die Wünsche der Frauen zu erfüllen. Das klassische Rollenklischee vom Weibchen, das dauernd am Dienen, Geben und Recht-machen-wollen ist, wurde einfach auf dem Kopf gestellt. Die Basis dafür wurde zuvor geschaffen, indem Männer und Frauen immer wieder in getrennten Gruppenräumen unter sich waren, um dort gemeinsam die eigene Shiva- oder Shakti-Identität aufzusaugen.

Es mag schon ein Stückchen Wahrheit darin sein, dass Frauen es eigentlich lieber mögen, wenn man ihnen alle Wünsche von den Augen abliest. Aber erstens ist nicht jeder Kerl ein Spezialist in der Iris-Diagnose und zweitens scheint diese Weibchen-Strategie nicht wirklich zu funktionieren. Es ist etwas typisch Weibliches, nicht alle Dinge selber wissen und entscheiden zu müssen, sondern sich lieber hinzugeben und die Verantwortung für eine Entscheidung an einen Mann abzugeben. Fast jede Frau dürfte es vorziehen, wenn der Mann mit zwei Überraschungstickets an ein bestimmtes Traumziel nach Hause kommt, als wenn er ihr erzählt, er hätte überraschend Zeit und sie könne aus fünf Möglichkeiten wählen, wohin die spontane Reise gehen soll.

Andererseits liegen einige Jahrhunderte hinter uns, in denen die Frau und der sprachliche Ausdruck ihrer inneren Bedürfnisse nicht gerade sehr weit oben auf der Top-Ten-Liste unserer christlich/ männlich orientierten Gesellschaft lag. Die Welt wurde von Männern und dem entsprechenden patriarchalischen Weltbild beherrscht. Inzwischen leben wir in einer Zeit des Wandels und es besteht die Möglichkeit, alle diese fixierten Weltbilder von Mann und Frau zu transformieren. Vermutlich liegt die große Chance zu einer tantrischen Kultur jetzt in der Selbstverantwortung und dem Mut der Frauen, wirklich mit ihren Bedürfnissen und ihrem inneren weiblichen Kern in Verbindung zu sein, und aus diesem Kern heraus zu sprechen. Es geht nicht primär um Gleichberechtigung zwischen Mann und Frau, sondern vielmehr darum, dass Frauen sich von ihrer Angst befreien, ihr fünftes Chakra öffnen und damit beginnen, auszudrücken wer sie sind und was sie möchten.

Der Schlüssel zu einer glücklichen Beziehung und einer erfüllten Sexualität liegt darin, dass eine Frau ihrem Partner sagt, was sie wirklich glücklich macht, und der Partner ihr genau das gibt. Nur eine glückliche Frau kann einen Mann glücklich machen. Nur durch die Liebe seiner Shakti kann ein Shiva in dieser Welt zur vollen Blüte gelangen. Die Tantriker wissen das seit Jahrtausenden. Und diese Shakti will von ihrem Shiva geliebt und in ihrem innersten Kern berührt werden. Es ist ganz natürlich, dass Frauen manchmal im Ausdruck ihrer starken Emotionalität hängen bleiben. Das dürfen sie auch, denn damit testen sie uns Männer, ob wir wirklich in Liebe präsent sind, oder ob wir uns bei der kleinsten Kränkung zurückziehen und in unsere Arbeit, unsere Süchte oder gar in unsere Unzulänglichkeit flüchten. Einer der Gründe, warum viele Beziehungen nicht funktionieren, ist offenbar der, dass Männer die emotionalen Schwankungen der Frauen viel zu persönlich und wörtlich nehmen, anstatt einfach in Liebe präsent zu bleiben und zu warten, bis der Sturm sich wieder legt.

Frauen wollen sich hingeben und vertrauen. Das können sie nur bei einem Mann, von dem sie wissen, dass er sie liebt und präsent ist, auch wenn sie prämenstruell ist, die Kinder ausflippen und ein Vulkan ausbricht. Natürlich hat alles seine Grenzen und zur rechten Zeit ist es völlig angemessen, diese auch zu setzen. In den meisten Fällen aber, wollen emotionale Frauen eher in den Arm genommen oder geküsst werden, anstatt über Philosophie zu diskutieren oder gar mit rationalen Argumenten zurecht gewiesen zu werden. Und irgendwo muss diese Schönheit und Anmut von Shakti ja auch ihren Preis haben. Ein liebender Mann ist bereit, diesen Preis auch zu bezahlen, solange es nicht auf Kosten seiner eigenen Individualität und seiner inneren Vision geht. Er ist präsent in der Welt und verankert in seinem Herzen. Ebenso verankert ist er in der Priorität, die er seiner Lebensvision und seiner Aufgabe in diesem Leben schenkt.

Männer, die sich auf diesen Shiva-Tanz wirklich einlassen, sind allerdings immer noch sehr seltene und überaus begehrenswerte Exemplare. Dies könnte etwas zu tun haben mit unseren Vätern und der Beziehung zu ihnen.

> *„Ein Mann muss seinen Vater lieben – und doch muss er sich von den Erwartungen oder der Kritik seines Vaters lösen, um ein wirklich freier Mann zu sein. Leben Sie so, als ob Ihr Vater tot wäre." (David Deida)*

Dazu möchte ich kurz etwas abschweifen und die Geschichte der Versöhnung mit meinem Vater erzählen. Viele Jahre lang habe ich gedacht, dass er jähzornig, stur, herzlos, autoritär, penibel, verschlossen und völlig unsensibel ist. Dazu hatte ich meine guten Gründe, und ich hatte Recht. Die Konsequenz meiner starren Meinung war, dass mein Vater und ich kaum eine Beziehung miteinander hatten und ich mich immer irgendwie rastlos und von meiner irdischen Quelle getrennt fühlte. Wenn ich meine Eltern besuchte, ging es nach spätestens zehn Minuten um Geld, Rentenversicherungen und Steuerbescheide. Nach einem lautstarken Wortgefecht verließ ich in der Regel beleidigt, gestresst und gedemütigt das Haus, mit dem Vorsatz, in den nächsten vier bis sechs Wochen dort ganz gewiss nicht mehr aufzutauchen.

Ich hatte ein Bild von mir als Lebenskünstler, aber an der Türschwelle zu meinem Elternhaus sackte es zusammen. Eines Tages, als ich bereits Anfang dreißig war, bemerkte ich, dass andere Menschen, die meinen Vater ebenfalls gut kannten, ein ganz anderes Bild und eine völlig unterschiedliche Meinung als ich von ihm hatten. Sie schilderten ihn zu meiner Überraschung als humorvoll, freundlich und sehr herzlich. Ich begann in Erwägung zu ziehen, dass ich nicht Recht haben könnte mit meiner Meinung über ihn. Wenig später feierte mein Vater seinen 60. Geburtstag. Ich schrieb ihm aus der Leere meiner neuen Sicht heraus einen kleinen Brief und bat ganz unspektakulär um Verzeihung für meine jahrelange Ignoranz. Mein Vater war sehr gerührt, und die Beziehung zu ihm wandelte sich von einen Tag zum anderen um 180 Grad.

Heute habe ich genau den richtigen Vater und erlebe ihn sehr herzlich, gefühlvoll und lebensfroh. Es drängt sich der Verdacht auf, dass er schon immer so war. Das war eine sehr erstaunliche Entwicklung – nach all den Jahren der Therapie und Selbsterfahrung. Natürlich sind die inneren Mechanismen, auf seine Kritik zu reagieren oder ihm imponieren zu wollen, auch heute noch aktiv. Er ist der Vater und ich bin der Sohn. Achtsamkeit, Selbstliebe und Mut sind für mich die beste Arznei, um diese inneren Bänder allmählich in Frieden aufzulösen. Und natürlich die tägliche Bereitschaft, ein eigenständiges, erfülltes und großartiges Leben zu führen, das mein ganzes Denken, Fühlen und Handeln einbezieht.

> *„Manchmal denke ich, da ist was nicht in Ordnung mit mir, ich habe gar kein gestörtes Verhältnis zu meinen Eltern." (Reinhard Mey)*

Frauen und Kinder sind mit ihrer untrüglichen Intuition für Männer, die nicht in ihrer Präsenz leben, oftmals gnadenlose Spiegel dafür, wo man gerade steht. Nicht umsonst verbringen viele Männer so viel Zeit in Autos, Büros und vor dem Computer, anstatt etwas mit der Familie zu unternehmen. Wenn die Frau es nicht gelernt hat oder nicht den Mut aufbringt, klar, authentisch und ehrlich aus ihrem Herzen zu sprechen, wird sie womöglich so lange Theater machen, bis der Mann auf irgendeine Weise gezwungen ist, sich zu stellen. Bis zur letzten Konsequenz. Meditation hilft sowohl Männern als auch Frauen, in Beziehungen bei sich zu bleiben, negative Gefühle zu integrieren und mehr aus dem Herzen, d.h. aus dem Moment heraus zu leben. Was sich wirklich lohnt, angesichts der Erschöpfung, der Zeitverschwendung und der Kämpfe, die unbewusste Konflikte in Beziehungen so mit sich bringen können.

Das gleiche Prinzip gilt für den Sex. Auf einer Ebene

besorgt der Mann es der Frau und sorgt im besten Falle dafür, dass sie selbst nicht leer ausgeht. Im Tantra geht es für den Mann darum, Shakti als seine Geliebte zu ehren, was einem inneren Dienen für ihr wirkliches Glück und ihre sinnliche Ekstase entspricht. Das bedeutet, dass sein steifer Schwanz sich nicht nur durch Ausdauer und Geschicklichkeit hervorhebt, sondern durch seine Sensitivität zum Zauberstab wird, der die Frau wirklich in ihrem tiefsten Inneren berührt und liebt. Auf einmal steht nicht mehr der tolle Fick im Vordergrund der sexuellen Begegnung, denn schließlich ist nur die Frau in der Lage, durch ihr offenes Herz die ekstatische Liebesenergie zum empfangenden Mann fließen zu lassen. Nur eine glückliche Frau wird einen Mann glücklich machen können. So einfach ist das. Es ist die Frau, die den Mann in Tantra einweiht. Tantrischer Sex ist weiblicher Sex. Es ist die Shakti, die ihren Shiva in die Kunst einweihen muss, wie eine Göttin geliebt werden will und welche Bedürfnisse sie jetzt in diesem Augenblick hat. Deshalb ist es gut, wenn die Frau in Kontakt mit ihrem Körper, ihrer Intuition und ihren Bedürfnissen ist. Diese Frau sollte aber auch das alte Weltbild vom Mann aus ihrem Leben entlassen, dass sich durch viele Erfahrungen und Inkarnationen in dieser Welt eingeprägt hatte.

Die Geschichte eines der bekanntesten und außergewöhnlichsten Tantriker in Indien handelt von Saraha, der etwa im 9. Jahrhundert n. Chr. lebte. Nach einer langen Wahrheitssuche bei Brahmanen und einer Karriere als Philosoph erlangte er seine Erleuchtung in der Begegnung mit einer gewöhnlichen Pfeilmacherin auf dem Marktplatz eines kleinen indischen Dorfes. In dem Moment als er ihr begegnete, löste er sich augenblicklich von seiner Identifikation als gelehrter, toller Mann und warf sich ihr demütig zu Füßen. Er erkannte bei ihrem Anblick, dass er in Wirklichkeit nichts wusste und nichts gemeistert hatte, was von realer Bedeutung war. Sie initiierte ihn schließlich als ihren Schüler und Geliebten. Ihre tantrische Erleuchtung drückten beide in Tänzen und Liedern aus, und erzeugten eine so ansteckende Energie um sich herum, in deren Dunstkreis viele Menschen in Ekstase und religiöse Verzückung gerieten. Die Legende berichtet sogar davon, dass sich auch der König und seine Königin anstecken ließen, und das ganze Königreich eine Zeit der Freude und Liebe erfuhr.

VOR EINIGER ZEIT HABE ich ein Buch mit dem Titel „Tantrisches Leben" gelesen. Die Autorin, eine brasilianische Lebenskünstlerin, beschreibt darin ihre ruhelose Geschichte, wie sie sich so durch's Leben und die unterschiedlichsten Betten gevögelt hat. Es gibt bestimmt eine Zeit im Leben, in der es angemessen ist und Spaß macht, ein wenig promiskuitiv zu sein.

Für einige Lebensphasen mag das angemessen sein, aber wenn man fünfzig geworden ist und immer noch genauso rastlos ist, hat es wohl mehr mit süchtigem Verhalten als mit freier Liebe zu tun. Nun ja, es mag Menschen geben, für die dieses Verhalten wirklich natürlich ist, aber es gibt auch Menschen, für die es natürlich ist, alleine jahrelang in einer Höhle zu sitzen. Natürlich ist hier nicht die Rede von Monogamie und Zweierbeziehung um jeden Preis, ich möchte nur darauf hinweisen, dass ich nicht damit einverstanden bin, dass der Begriff Tantra mit diesem Klischee von freier promiskuitiver Liebe in denselben Topf geworfen wird. Dabei ist es schön, seiner Energie und dem inneren Fließen zu folgen. Die Herausforderung besteht darin, wirklich ehrlich damit zu sein, woher die Motivation eigentlich kommt. So schön eine spontane Begegnung sein kann, in den meisten Fällen gilt trotzdem eine ganz einfache und menschliche Logik: Wenn die Begegnung das Herz berührt hat und der Sex toll war, möchte man mehr davon, und wenn die Begegnung nicht besonderes war bzw. der Sex nur eine Beschäftigung, dann hätte man es auch sein lassen können. So toll es sich als Mann anfühlen kann, wenn man von vielen Frauen begehrt wird und jederzeit ein Date machen kann, geschieht die Verletzung meistens auf Kosten der inneren und äußeren Frau. Shakti wird nicht genügend geehrt, wenn ein Mann sie nur zu seinem Vergnügen benutzt und gleich darauf wieder mit einer anderen schläft. Diese Denkweise soll uns nicht in die alte Moral aus den fünfziger Jahren zurückwerfen, sondern lediglich ein wenig Achtsamkeit in einen Bereich bringen, in dem Männer, unter dem Deckmantel der freien Liebe, die Schönheit, Lust und Offenheit von Frauen benutzen.

Man muss bestimmt nicht sein ganzes Leben mit einer Person verbringen, aber eine tantrische Sexualität lässt sich zweifelsohne am wirkungsvollsten zelebrieren, wenn man sich in einer verbindlichen Liebesbeziehung befindet.

Übung

Fünftes Chakra in Aktion:
Im traditionellen indischen Tantra wird viel mit Mantras gearbeitet. Mantras sind Töne, Laute und Worte die oftmals sehr monoton wiederholt werden. Ein bekanntes Mantra ist die Silbe „Aum", auch Urton der Schöpfung genannt. In unserer westlichen Zivilisation fehlt uns oftmals der lebendige Zugang zu diesen Mantren. Dieser Umstand führt zu der Gefahr des monotonen Wiederholens mit dem Gefühl, „dass es schon zu irgendetwas gut sein wird".
Für den Anfang ist es empfehlenswert einfach mal mit Tönen und Lauten zu spielen. Vielleicht möchten Sie sich hinlegen und mal verschiedene Töne in unterschiedlicher Lautstärke ausprobieren. Lassen Sie einfach Laute aus Ihrem Mund kommen die Ihnen auf der Zunge liegen. Werden Sie ein bisschen zum Kind oder zum Narren. Sie liegen auf Ihrer Matratze, schauen an die Decke und sagen "mischnüdiiligmüsmbalgrifü..." oder so etwas ähnliches.
Nun beginnen Sie auch ein wenig Emotion in dieses verrückte Spiel zu bringen. Nehmen Sie einfach Töne, die Ihnen auf der Zunge liegen und beginnen Sie, die improvisierten Laute mit Gefühlen anzureichern. Vielleicht beschweren Sie sich in einer unbekannten Sprache über Ihr Schicksal. Oder Sie beginnen ein trauriges Liebeslied zu singen im Kauderwelsch. Wenn die

Laute und die Emotionen ausgeklungen sind, halten Sie Ausschau, ob noch eine andere Emotion auf diese spielerische Weise ausgedrückt werden will. Lassen Sie es aufhören, wenn es aufhören will und lauschen Sie anschließend der Stille.
Aus dieser Stille heraus beginnen Sie ganz sanft und entspannt ein „U" zu tönen und durch den ganzen Körper fließen zu lassen. Nehmen Sie wahr, ob Widerstände dieses „U" nicht durchlassen möchten und respektieren Sie diese Widerstände mit Ihrer liebevollen Aufmerksamkeit. Lassen Sie weiter dieses sanfte „U" durch Ihren Körper schwingen und ganz leicht im Beckenboden vibrieren. „Uuuuuuuuuu". Fühlen Sie wie Lebensenergie in der Schwingung dieses Tons den ganzen Körper durchströmt. Stellen Sie sich vor, wie Sie Ihren Körper mit diesem „U" sanft von innen massieren und sich innere Blockaden in diesem Strom ganz natürlich und einfach auflösen. Lassen Sie das „U" bis zu den Füßen strömen. Stellen Sie sich vor, es verwurzelt Sie mit der Erde. Nach einer Weile lassen Sie den Ton ausklingen und genießen die Entspannung und das satte Körpergefühl.

8 Der tantrische Alltag

Alle glauben, dass ihre spirituelle Praxis darin bestehe, sich still hinzusetzen oder sich im Zeitlupentempo zu bewegen, jemanden sanft zu streicheln oder an einer Duftlampe zu riechen. Das aber ist nicht spirituelle Praxis, das ist der Urlaub von der spirituellen Praxis.

Manfred Miethe

DIE ZAUBERWÖRTER DIE UNSEREN Alltag in ein Fest verwandeln, heißen Achtsamkeit, Vertrauen und Entspannung. Mit Achtsamkeit ist gemeint, alle Dinge aufmerksam und um ihrer selbst willen zu tun. Mit Achtsamkeit lernen wir wieder uns dem lebendigen Augenblick zu öffnen.

Die besten Lehrer dafür sind unsere Kinder, die sich an jedem Blödsinn am Straßenrand erfreuen können. Wenn wir diese Kinder beobachten, können wir üben uns vorzustellen, dass wir Dinge zum ersten Mal in unserem Leben wahrnehmen. Und dauernd gibt es etwas zu staunen. In jedem Augenblick sehen wir, riechen wir, schmecken wir, fühlen wir, tasten wir, hören wir Tausende von Dingen. Ein anderes Geschenk, das immer wieder mitten im Alltag wie ein kleines Wunder wirken kann, ist Anerkennung.

In einer Liebesbeziehung sollte man sich mindestens dreimal so oft für etwas anerkennen wie sich gegenseitig zu kritisieren. Dankbarkeit ist eine weitere einfache Haltung, die täglich kleine Wunder bewirken kann. Es lohnt sich, den Dingen und Begebenheiten mehr Aufmerksamkeit zu geben, die ein ganz selbstverständlicher Teil des täglichen Lebens geworden sind: Die Menschen, die wir kennen, das Land, in dem wir leben, ein gesunder Körper, ein lieber Freund, genügend Nahrung, ein guter Job, die Wohnung, in der wir leben, unsere Erfahrungen usw. Gerade in unserer Partnerschaft und unserer Sexualität nehmen wir vieles als sehr selbstverständlich an. Wer seinen Alltag gerade mal so eben hinter sich bringen will und voll von fürchterlich wichtigen Dingen ist, wird auch in der körperlichen Liebe kein entspannter Genießer sein.

Leider sind viele Menschen große Meister im Aufschieben. Morgen werden wir unserer Liebsten einen schönen großen Blumenstrauß in die Hand drücken, werden wir es im Freien wie die Tiere treiben – aber nicht jetzt! Morgen werden wir unserem Partner sagen, dass wir ihn lieben, morgen werden wir mit unseren Kindern eine Burg bauen – aber nicht jetzt! Schließlich gibt es Wichtigeres zu tun!

Um mit neuen Möglichkeiten in der Partnerschaft zu experimentieren, ist es manchmal hilfreich, sich einen besonderen „Raum" zu erschaffen. Für viele Menschen ist es ungewöhnlich, eine bestimmte Zeit für die Liebe zu vereinbaren. Wo bleibt denn da die Spontaneität? Und doch bereiten wir uns auf diesen Abend vor, als ob unsere Shakti ihren heiligen Geburtstag feiern würde. Wir pflegen uns, nehmen ein Bad, machen uns schön. Wir vergessen nicht die Blumen, schöne Kerzen, Bilder, Räucherwerk, Düfte und was wir sonst noch brauchen für unseren Liebestempel. Wenn wir uns dann zur vereinbarten Zeit treffen, empfängt uns schon eine feierliche Atmosphäre. Ein guter Anfang ist immer, der Shakti ein schönes Kompliment zu machen und unsere Liebe damit auszudrücken. Es ist sehr nährend, sich in einer solchen Umgebung zu begegnen. Wir sitzen still, erzählen, hören zu, achten einander und lassen schließlich geschehen, was aus dem Moment heraus geschehen möchte. Wir befinden uns mitten im Alltag und lassen den Rest der Welt draußen vor der Tür. Wir begegnen und würdigen einander als Shiva, als Shakti und zelebrieren ein tantrisches Liebesfest mit viel Zeit und ohne irgendwohin gelangen zu müssen.

Eine kleine Empfehlung wäre, vorher zu vereinbaren, nicht auf einen Orgasmus zuzusteuern, sondern jeden Moment und jede Nuance des Liebesspiels auszudehnen und ekstatisch zu genießen. Der Fokus im tantrischen Liebesspiel liegt darauf, in sexueller Erregung entspannt und im Herzen präsent zu bleiben. Jedes innere Abschweifen verführt dazu, Bewegungen, Liebkosungen und Berührungen automatisch auszuführen. Dann werden wir uns vielleicht dessen gewahr, dass wir unseren Partner plötzlich ganz automatisch auf dieselbe Weise lieben und stimulieren wie seit jeher. In unserer Sinnlichkeit und Erregung holen wir uns beim tantrischen Sex ganz liebevoll immer wieder zurück in diesen Augenblick.

Dies kann auch bedeuten, dass sich die Energie mitten im leidenschaftlichsten Vögeln plötzlich in eine andere Richtung bewegen möchte und wir verschwitzt, verschmolzen und in höchster Erregung für einige Minuten ineinander verschlungen bleiben, ohne uns weiterhin zu bewegen oder zu stimulieren.

Sobald wir beginnen auf tantrische Weise miteinander Liebe zu machen, meldet sich höchstwahrscheinlich das Gefühlszentrum und möchte mitspielen. Uns zu erlauben, alle aufkommenden Gefühle, also Traurigkeit ebenso wie Ängstlichkeit, in unseren Sex zu integrieren, erfordert großen Mut und eine gewachsene Vertrautheit der Liebespartner. Der Lohn dafür ist eine tiefe Nähe und Intimität im Liebesspiel, nach der sich die meisten Männer und Frauen in Liebesbeziehungen ohnehin ein Leben lang sehnen. Darüber hinaus öffnet die Integration des Gefühlszentrums beim Sex verborgene innere Tore, die uns auf höchst angenehme und liebevolle Weise direkt mit unserer spirituellen Identität in Verbindung bringen können.

Es ist nicht nur eine Theorie, dass tantrische Liebe ein Weg in kosmische Dimensionen sein kann, sondern diese Möglichkeit steht allen Liebenden offen, sobald sie beginnen Sexualität, Liebe und Meditation zu verbinden und alle Gefühle im Sex zulassen. Für alle Liebenden, denen kosmische Dimensionen bzw. Shiva und Shakti Energien noch ein wenig zu abgehoben klingen, ist diese Art von Sex eine wunderbare Möglichkeit, mit männlicher bzw. weiblicher Energie in Kontakt zu kommen. Ein Seminarteilnehmer folgte unserer Empfehlung für den Alltag und hat mit seiner Frau ein ganzes Wochenende nur Liebe gemacht. Natürlich gab es auch Pausen, erzählte er begeistert, in denen gegessen und spazieren gegangen wurde. Manchmal war es auch gut, dass jeder etwas für sich gemacht hat. Aber das waren eben nur Pausen. Vereinbart wurde vor diesem Wochenende, dass der Mann die ganze Zeit über, bis Sonntagabend keinen Samenerguss haben sollte. Begeistert erzählte er weiter, dass er sich sein Leben lang noch nie so als Mann gefühlt hatte.

Die meisten Menschen, die den Begriff Tantra schon einmal gehört haben, assoziieren damit etwas Sexuelles. Für meine Mutter beispielsweise hat Tantra etwas mit sexuellen Ausschweifungen zu tun. Andere Leute denken: „Das ist doch so was Ähnliches wie das Kamasutra“ – irgendwelche Techniken und Übungen für den spirituellen Superorgasmus – womöglich der beste Sex überhaupt; absolut exotisch, erfordert bestimmt langjährige Übung und ist sowieso nur für ein paar Auserwählte möglich. Das Motiv, sich für Tantra zu interessieren, hat zumindest bei uns im Westen aber auch anderswo mit Sexualität zu tun.

Viele Männer und Frauen gehen in Tantra-Gruppen, um jemanden kennen zu lernen bzw. einfach um zu vögeln. Andere wollen sich und ihre Sexualität verstehen lernen und neue Möglichkeiten von sexuellem Ausdruck und Vergnügen entdecken. Die Integration tantrischer Lebenskunst in den Alltag ist eine der größten Künste, die es zu erlernen gibt. Nehmen wir beispielsweise Claudia, die, noch ganz high, von einem Abschnitt des Sky Dancing Trainings zurück in ihre Wohnung kommt. Im Briefkasten eine Erinnerung vom Finanzamt, auf dem Anrufbeantworter ein verärgerter Freund. Ein Nachbar in dem hellhörigen Mietshaus, das sie erst bezogen hat, hört Techno, ein anderer bayerische Volksmusik. Grade noch auf der Rückfahrt mit dem gutaussehenden Assistenten war da so ein gutes Gefühl und die Sicherheit, dass jetzt alles anders wird, und plötzlich: „Ohje, ich bin wieder hier …“. Also bereitet Claudia schnell einen heiligen Raum für sich, geht in Stille – soweit das möglich ist – und aktiviert ihre innere Flöte. Ob der Freund oder das Finanzamt ihre tantrischen Liebesschwingungen wohl teilen können? Das Runterkommen vom oftmals hohen Energie- und Erlebnislevel einer Tantra-Gruppe ist jedenfalls ein Phänomen, das uns in aller Deutlichkeit spiegelt, wie es um unsere Verwurzelung im Alltag bestellt ist.

Oft entfremden wir uns sogar noch mehr, weil wir vielleicht plötzlich einen indischen Namen tragen und über Dinge Bescheid wissen, von denen der eifersüchtige, daheim schmachtende Partner keine Ahnung hat. Und das macht es nicht leichter. Am besten ist es dann doch, in einer tollen Gruppenerfahrung gleich den Seelenpartner zu treffen bzw. mit ihm gemeinsam dorthin zu gehen. Dann kann nichts mehr schiefgehen. Aber wer weiß?! Wie dem auch sei, der Alltag ist jedenfalls die wahre Gruppe und das Spielfeld unseres Lebens. Wer sich auf Tantra einlassen will, muss runter von der Tribüne und rein ins lebendige Geschehen. Im Tantra geht es nicht darum, ein esoterischer Träumer zu sein und einmal in der Woche sanften Kuschelsex zu praktizieren.

Tantrische Lebenskünstler legen großen Wert darauf, in allen Gewässern schwimmen zu können. In der tantrischen Tradition wird oft die Lotusblume als Symbol verwendet. Sie kommt aus den Abgründen des Schlamms und erblüht zu einer einzigartigen Schönheit. Auf dem Spielfeld unseres Alltags werden wir ständig mit dem prallen Leben um uns herum konfrontiert.

Tantra empfiehlt, neugierig, offen und staunend durch das Leben zu gehen. Ohne Urteil, ohne die Fixierung auf einen konkreten Lebensplan und ohne einen voraussehbaren Charakter. Menschen sind spirituelle und sexuelle Wesen und gehen mit beiden Füßen auf dieser Erde, bewegen sich im Abenteuer dieser verrückten, unglaublichen und wunderbaren Welt. Wenn wir in der Sexualität unsere Fixierung auf das große Ziel des „Orgas-Muss" schon ein wenig lockern, dann dürfen wir auch in den Niederungen unseres Alltags präsent, liebevoll und achtsam sein. Aber zurück zum Sex. Mittlerweile vermitteln uns die tantrischen Wissenschaften sehr viel mehr über feinere Energien. Wir lernen heute, mehr auf tiefere Schwingungen zu achten und müssen nicht mehr gleich hinter jedem knackigen Arsch herrennen.

Die Liebesschwingung sollte die erste und wahrhaftigste

Motivation für eine sexuelle Begegnung sein. Wiederum ist Sex die schönste Möglichkeit, diese Liebesschwingung zu erzeugen und sich gegenseitig mit Freude zu beschenken. Inzwischen wissen wir, dass unser Ego den Spannungsabbau durch Sex sehr viel mehr braucht als unser Körper.

Für den Körper gibt es auch andere Möglichkeiten die sexuelle Energie auszudrücken oder umzuwandeln. Es klingt oft ein wenig komisch, wenn die Tantriker sagen, dass man nicht mit jemand schlafen soll, wenn man total heiß ist. Das widerspricht all unseren Erfahrungen und offenbar auch dem natürlichen Fluss der Dinge. Aber es ist schon was dran. Unser Körper und unser Verstand sind normalerweise ziemlich angespannt, aufgeregt und heiß, wenn wir Lust auf Sex haben. Deshalb rät Tantra, schon vor dem Sex in einer Meditation oder einer entspannten, liebevollen Begegnung energetisch zusammenzukommen. Dies ist der Moment der Achtsamkeit. Fehlt diese liebevolle Wachheit füreinander, muss der Orgasmus oft als Entladung von einem sexuellen Druck herhalten, der seine Ursache nur im Kopf hat. Beim tantrischen Sex entspannen sich die Liebespartner von vornherein und nicht erst nach dem Orgasmus. Sich gemeinsam hineinentspannen in die Wogen und Wellen der sexuellen Lust und Erregung, ist eine wunderbare Erfahrung.

Sexualität ist die kosmische Schnittstelle. Beim tantrischen Sex begegnen sich nicht nur die menschlichen Genitalien, es begegnen sich Erde und Kosmos, Tier und Gott, Himmel und Hölle. Es muss gar nicht sein, dass man sich erst durch 1000 Übungen, Rituale und Atemtechniken durcharbeitet, um tantrischen Sex erleben zu können. Rituale unterstützen uns im Tantra, um einen bewussten Einstieg zu haben, einen schützenden Rahmen zu gestalten und einer bestimmten Absicht zu folgen. Der Fokus der tantrischen Begegnung liegt in einer wachen und entspannten Präsenz. Sie macht den wesentlichen Unterschied. Sind wir hier und jetzt anwesend oder nicht? Kein Mensch kann etwas dafür, wenn die Aufmerksamkeit und die Gedanken mal abschweifen. Ein vorwurfsvoller Ton kann an dieser Stelle vielleicht dazu führen, dass der Partner sich wirklich verschließt. Also am besten nicht verärgert fragen: „Wo bist Du denn schon wieder!!!", sondern lieber einen herzhaften Kuss aufs dritte Auge drücken; die schönste Methode, lästige Gedanken zu stoppen. Schließlich weist uns Tantra noch darauf hin, dass wir sonst für die kleinen Freuden eines gewöhnlichen Ficks, auf wirkliche Ekstase, tiefe Nähe und eine erfüllende, ganzheitliche und göttliche Sexualität verzichten.

Tantra entzieht sich letztlich jeder Definition und jeglicher theoretischer Beschreibung. Deshalb ist die individuelle Erfahrung das A und O für die ersten und alle weiteren Schritte in der tantrischen Lebenskunst. Jeder muss letztlich sein eigenes Tantra Buch schreiben – und zwar im täglichen Leben, in der täglichen lebendigen Erfahrung. Die tantrische Haltung hilft dabei, mit vielen fragwürdigen Vorstellungen aufzuräumen. Eine dieser Illusionen ist der Glaube, dass das Glück außerhalb von uns selbst zu finden sei. Wir warten auf den richtigen Traumpartner, quälen uns selbst ab mit dem richtigen flachen Bauch, den richtigen festen Brüsten und dem makel- bzw. faltenlosen Gesicht. Sobald wir nur ein bisschen Bewusstheit ins Spiel bringen, entdecken wir, dass die so genannte äußere Welt ohnehin nur ein Spiegel unseres Inneren ist und dass ohnehin alles zur rechten Zeit geschieht, so wie es passieren soll. Erinnern wir uns stetig, dass wir bei dem Vorwurf, dass nicht genug Liebe für uns da ist, eigentlich mit fehlender Selbstliebe und dem mangelnden Vertrauen in die Existenz konfrontiert sind.

Doch allen unseren Vorlieben und Abneigungen zum Trotz wollen wir letztlich uns selbst und unser Leben doch genau so ,wie es ist. Ist es nicht so? Dieses Leben haben wir uns ausgesucht und wir tun gut daran, es zu lieben wie es ist. Auch mit unserer Sexualität müssen wir da beginnen, wo wir jetzt stehen. Vielleicht denken wir, unser Sex sollte von heute an tantrischer, liebevoller oder erfüllter sein, und haben bestimmte Vorstellungen, wie das aussehen und sich anfühlen sollte. Tantra beginnt aber genau da, wo wir jetzt stehen. Das ist ja das Schöne und Einmalige an Tantra. Es ist nicht notwendig, jemand anderes sein zu müssen als wir jetzt gerade sind. Kein Mensch fragt danach, und Gott sowieso nicht.

Übung:

Freie Strömungsatmung
Wenn der Atem festgehalten wird, kontrollieren und halten wir den ganzen Körper, insbesondere auch den Beckenbereich. Um im Sex präsenter zu sein und mehr Genuss zu erleben, ist freies Atmen notwendig. Dann ist das sexuelle Vergnügen auch nicht auf den genitalen Bereich beschränkt, sondern wird leichter mit dem ganzen Körper ge- und erlebt.
Für diese Atemübung legen Sie sich in leichter und bequemer Kleidung auf eine weiche Unterlage. In dieser Rückenlage winkeln Sie die Beine an und stellen Ihre Füße auf den Boden. Nun formen Sie ihren Mund zu einem „O" und stellen sich vor, wie Sie durch Ihre Genitalien einatmen. Dabei darf ein leises, saugendes Geräusch entstehen, als ob Sie den Atem aus dem Genitalbereich wie durch ein Bambusrohr durch den Körper zu Ihrem Herzchakra (in der Mitte der Brust) hochziehen. Beim Ausatmen darf ein leichtes Strömungsgeräusch entstehen, als ob Sie eine brennende Kerze zum Flackern bringen wollten. Anschließend atmen Sie durch das innere Bambusrohr von Ihrem Herzen über die Genitalien wieder aus. Dabei stellen Sie sich vor, wie Ihr Atem eine Verbindung schafft zwischen Ihrem Sex und ihren Gefühlen.
Folgen Sie Ihren Impulsen, wenn Sie tiefer oder sanfter atmen möchten oder wenn Ihr Körper

sich bewegen will. Auch Ihr Becken darf sich beim Ein- und Ausatmen leicht vor und zurück bewegen. Lassen Sie einen Rhythmus entstehen und achten Sie auf die kleine Lücke zwischen den Atemzügen. Hören Sie auf Ihren Körper und lassen Sie geschehen, was geschieht. Wenn neue Empfindungen im Körper auftauchen, wie ein leichtes Kribbeln oder Vibrieren, lassen Sie auch dies geschehen und atmen Sie einfach weiter. Es muss nichts forciert werden. Mit jedem Atemzug stellen Sie ganz mühelos und in sich ruhend eine Verbindung her: vom Sex zum Herz und vom Herz zum Sex. Lassen Sie den Atem einfach von selber kommen und saugen Sie ihn ganz leicht durch den inneren, hohlen Bambus in Ihrem Körper. Achten Sie auf die Stille und atmen Sie ohne Anstrengung wieder aus.

Genießen Sie Ihre Lebendigkeit und Ihre sexuelle Energie im ganzen Körper. Erlauben Sie Ihrem Atem durch alle Blockierungen hindurchzuströmen, ohne etwas verändern zu wollen. Achten Sie auf den inneren Rhythmus, vielleicht will Ihr Atem langsamer werden.

Zum Abschluss schließen Sie den Mund und atmen ganz sanft und leicht durch die Nase weiter. Genießen Sie das Ausklingen der Strömungsatmung und die Frische Ihres Körpers.

9 Mit Wurzeln und Flügeln

Wir wollen permanent Glückseligkeit
erfahren, nicht nur im sexuellen Orgasmus.
Lama Surya Das

EINES DER NACHHALTIGSTEN spirituellen Offenbarungserfahrungen erlebte ich eines Tages, als ich für ein paar Monate in einer Holzhütte auf dem Land lebte. Es war frühmorgens im Hochsommer. Ich kam grade vom Schwimmen zurück und setzte mich aus einem Impuls heraus auf mein Meditationskissen. Plötzlich begann sich meine Wahrnehmung zu verändern. Das Gewahrsein von mir selbst und meiner Umwelt dehnte sich immer weiter aus. Ich kann mich gar nicht mehr genau an Details erinnern, aber alles um mich herum wurde plötzlich sehr vollständig und lebendig. Sogar die Steine und das Holz schienen mit Leben und Bewegung nur so gefüllt zu sein. Es war wie auf einem guten LSD-Trip, mit dem Unterschied, dass ich keins genommen hatte. Alles pulsierte voller Leben. Wow! Ich konnte die Qualität aller Worte fühlen, die ich sonst immer so leichtfertig dachte oder aussprach. Ganzheitliches Fühlen und Denken.

Völlig überwältigt und in einem tiefen inneren Frieden war mir bewusst, dass es die Frequenz ist, in der ich mein Herz-Chakra in Vertrauen ausdehne oder zusammenziehe, die mich mit allem verbindet bzw. verschließt und schützt. Es war großartig ,zu fühlen und zu wissen, dass wirklich alles schon da ist. Jetzt und jederzeit. Gleich hier um die Ecke. Und ich konnte mich in jeden Seinszustand einklinken. Alles um mich herum war Schwingung. Ekstase, Glück und innerer Frieden waren als Essenz sofort verfügbar. Ohne ein anderer zu werden, ohne etwas dafür zu tun. Es trennt mich gewöhnlich nichts weiter als mein Mangel an Vertrauen.

Das war sehr interessant und stellte meine ganze Konditionierung völlig auf den Kopf. Umso eindringlicher wurde das Ganze, weil es eine Erfahrung aus erster Hand war und mir nicht durch schlaue Bücher, weise Lehrer oder die richtigen Drogen vermittelt wurde. In diesem Gewahrsein fühlte ich eine tiefe Verbindung mit allen Meistern. Ich konnte nachvollziehen, auf welcher Ebene und auf welche Weise diese Meister überhaupt ihre Arbeit verrichten. Ich konnte auch den bekannten Satz nachvollziehen, dass alles, was geschieht, aus Liebe zu uns geschieht. Auf dieser Ebene hatte alles Leid nur den einen Zweck, uns Menschen aus unserer Illusion und unserem Tiefschlaf zu erwecken. So wie Jesus fortwährend irgendwelche Köpfe zur Taufe ins Wasser drückte. Es war völlig faszinierend, in dieser Glückseligkeit zu baden und in diesen Ebenen mit meinem Bewusstsein zu spielen und zu experimentieren.

Ich fühlte mich in meinem Element und zuhause, wie ein Fisch im Wasser. Natürlich wünschte ich mir, diesen segensreichen Zustand nie wieder verlassen zu müssen. Doch so plötzlich die Gnade dieser Öffnung aus dem Nichts auftauchte, verschwand sie auch wieder. Was blieb, war noch ein paar Tage lang eine seliges Grinsen in meinem Gesicht sowie das innere Wissen, dass die Essenz meines tantrischen Weges nichts anderes als Vertrauen ist.

Auf dieses Erlebnis an jenem Samstagmorgen baute meine ganze Arbeit an mir selbst und anderen Menschen während der folgenden Jahre auf. Als Basis meiner spirituellen Arbeit kristallisierte sich dabei eine bedeutsame Unterscheidung heraus, und zwar die Unterscheidung von Kampf und Verbindung. Entweder wir sind im Reinen mit „dem, was ist“ und fühlen uns in Verbindung mit uns selbst, anderen Menschen, der Natur und dem ganzen Kosmos. Oder wir beschweren uns innerlich fortdauernd, weil die Dinge nicht so sind, wie sie sein sollten, und befinden uns im Kampf mit dem Leben, uns selbst, anderen Menschen, der Natur und dem Kosmos.

Wenn wir einen genauen Blick auf diese Unterscheidung werfen, stellen wir sehr bald fest, dass unter allen möglichen Umständen wir selbst und niemand sonst die Verantwortung dafür trägt, in welcher dieser beiden Seinszustände wir uns befinden. Im Grunde ist das alles, was wir wissen müssen.

Tantra ist der natürliche Weg wieder zurück in diese ursprüngliche Verbindung zu finden und unser Potenzial als Mensch hier und jetzt zu leben. Und es ist so einfach, immer wieder in Verbindung und in die Frequenz des Vertrauens zu kommen. Manchmal haben wir Menschen allerdings gute Gründe, den inneren und äußeren Kampf aufrechtzuerhalten. Hin und wieder erfüllt dieser innere Kampf mit uns selbst auch eine Funktion des Schutzes und dient uns gewissermaßen dabei, unsere Grenzen abzustecken. In den meisten Fällen aber halten wir den Kampf aufrecht, um unsere künstliche Identität aufrechtzuerhalten. Um wieder in Verbindung zu kommen, ist es hilfreich, aus der so genannten Opferhaltung auszusteigen, und sich einzugestehen, dass wir selbst die Ursache des Kampfes sind, den wir da gegen uns selbst, andere Menschen und die ganze Existenz austragen. Wir erinnern uns: Wir halten unser Herzchakra verschlossen, weil wir mit einem inneren Gefühl konfrontiert sind, das wir nicht mögen oder mit dem wir nicht umgehen können. Diese Erkenntnis kann uns helfen, wieder eins zu werden, mit dem was ist. Jetzt haben wir die Freiheit weiter zu kämpfen oder damit aufzuhören. Für den Kampf die Verantwortung zu übernehmen heißt nicht weniger als zu sagen „Ich wähle jetzt Kampf! Basta!“ Dann ist das eine klare Sache.

Könnten wir allerdings mit einem klaren und ungefilterten Blick sehen, was für Konsequenzen dieser Kampf hat und was er tatsächlich bewirkt in unserem Leben, würden wir in den meisten Fällen unverzüglich damit aufhören und ein Gefühl von Reue unserem Leben und anderen Menschen gegenüber empfinden. Auf einer anderen Ebene würde der innere Kampf nämlich so aussehen, als ob wir dauernd mit dem Kopf gegen eine Wand rennen oder uns fortwährend mit einem Hammer auf die Hand schlagen. Das ist auf die Dauer dann doch nicht so prickelnd.

Aber alles zu seiner Zeit. Tantra hält es mit der natürlichen Weisheit des Lebens und geht immer zuerst anerkennend in Verbindung mit dem was ist. Egal was es ist. Ohne Moral und ohne Urteil. Das Herzchakra schickt quasi eine großzügige Umarmung an alle Zellen und Knochen, alle Gefühle und Gedanken, an die Welt da draußen und ans ganze Universum.

Wenn jemand sein Leben verändern möchte, ist es deshalb immer naheliegend, zuerst in diese segensreiche und natürliche Verbindung zurückzukommen. Welche konkreten Schritte gerade für welche Menschen angesagt sind, ist natürlich völlig unterschiedlich. Manchmal brauchen wir eine bessere Erdung, um verwurzelt, vital und gestärkt unseren Körper, den tantrischen Tempel, zu bewohnen, oder wir brauchen den Bezug zu einer höheren Intelligenz, der wir uns in Vertrauen hingeben können. Wo wir immer landen werden, das Herzzentrum symbolisiert den Dreh- und Angelpunkt unserer multidimensionalen Individualität. Befindet sich ein Mensch in Verbindung, bekommt er auch einen völlig anderen Bezug zu Krisen, Schmerzen und Problemen. Er ist eingebunden in eine größere Weisheit und wird im besten Falle sogar Dankbarkeit empfinden, wenn die dunklen Seiten der Seele gefühlt, betrachtet und aufgelöst werden wollen.

Einem Klienten passierte es erst kürzlich, dass er in einer Firma, in der er etwas zu erledigen hatte, einen Mann traf, mit dem ihn eine ziemlich ungute Erinnerung verband. Dieser Mann hatte ihn vor vielen Jahren um eine ganze Stange Geld gebracht, was er ihm allerdings nie hundertprozentig nachweisen konnte. Jedenfalls stand dieser Typ plötzlich vor ihm, und seine ganze Wut, seine Ohnmacht und alle andere Emotionen aus der Vergangenheit kamen zum Vorschein. Erst war er natürlich stinksauer und sein Verstand überschlug sich auf dem Weg nach Hause förmlich vor lauter Schimpfwörtern, die er ihm innerlich an den Kopf warf. Zuhause angekommen landete er auf seinem Kissen und bat die Existenz um Verbindung, Begleitung und Führung, woraufhin die Emotionen noch ein bisschen stärker wurden. Plötzlich tauchten weitere Situationen und Bilder aus seinem Leben auf in denen er sich Männern gegenüber hilflos und wütend gefühlt hatte. Als all diese Eindrücke sehr präsent und lebendig in seinem Geist und seinem Körper zu spüren waren, kapitulierte er schließlich. Danach fühlte er sich sehr viel leichter und ausgeglichener als zuvor. Es fühlte sich an, als ob eine große Last von ihm abgefallen wäre. Am liebsten, hat er mir später in einer Sitzung erzählt, wäre er gleich noch mal in die Firma gefahren, um diesem Typen seine Dankbarkeit auszudrücken. Natürlich gelingt eine solche Transformation nicht bei allen negativen Geschehnissen und emotionalen Zuständen. Schließlich brauchen manche Entwicklungsschritte ihre natürliche Zeit. Die menschlichen Krisen allerdings aus dieser ganzheitlichen Perspektive zu betrachten, ermöglicht einen völlig neuen Fokus für den Umgang mit so genannten Problemen.

> *„Als mein kleiner Sohn starb, Dimitri, weinte jeder. Und ich? Ich stand auf und tanzte. Sie sagten: ‚Zorbas ist verrückt geworden.' Aber das Tanzen – und nur das Tanzen – konnte die Schmerzen aufhalten. Verstehen Sie, es war mein erstes Kind. Er war gerade drei. Wenn ich glücklich bin, ist es das Gleiche." (Alexis Zorbas)*

Früher dachte ich immer, ich müsste nur die richtige spirituelle Methode finden und sie anwenden, um aus meinem Blues rauszukommen und Befreiung zu finden. Aber Therapie als Konzept funktioniert nicht. Es ist eine Illusion, die Komplexität einer menschlichen Psyche bzw. eines menschlichen Lebens zu durchschauen und mit menschlichen Methoden systematisch behandeln und heilen zu können. Natürlich ist es gut, über ausreichendes Wissen zu verfügen, wenn man mit psychisch kranken oder neurotischen Menschen arbeitet. Allerdings kenne ich viele Menschen, deren Hauptbeschäftigung es für lange Zeit war oder noch ist, sich andauernd mit sich selbst zu beschäftigen und ein Psycho-Seminar bzw. eine Therapie-Methode nach der anderen zu absolvieren. In bestimmten Kreisen werden alle Erscheinungen des täglichen Lebens unter dem Mikroskop von psychologischen, astrologischen oder esoterischen Gesichtspunkten aus betrachtet. Man tut gerne so, als wüsste man tatsächlich, was genau Karma bedeutet oder wie die Chakren beschaffen sind.

Wirklich unangenehm für die Umgebung kann es werden, sobald Menschen eine esoterisch-psycholgische Persönlichkeit angenommen haben und denken, sie wüssten schon alles über den Aufstieg der Erde und all diese Dinge. Es liegt zum Teil an solchen Leuten und ihrer Fähigkeit, anderen auf die Nerven zu gehen, dass Spiritualität, Selbsterfahrung und Esoterik immer noch einen zweifelhaften Ruf besitzen.

Darüber hinaus vermute ich, dass viele Angebote aus der Psycho- und Esoterikszene mindestens so viel Schaden anrichten können wie sie helfen. Natürlich sind bahnbrechende Erkenntnisse über die Komplexität der menschlichen Psyche ein hervorragendes Futter für eine spirituelle Persönlichkeit, um kräftig aufzublühen und vor anderen Unwissenden gut dazustehen. Schließlich liegt der Verdacht nahe, dass es meist das viel größere Ego ist, das sich vorgenommen hat, hier unbedingt irgendwohin aufzusteigen bzw. etwas loszuwerden und verbessern zu müssen.

> *„Am wenigsten Ego ist das, was sich im Moment natürlich anfühlt. Das ist der Zustand, der dir jetzt im Moment am meisten Freude, echtes Glück und am wenigsten Anspannung bereitet. Leb natürlich, was immer sich für dich natürlich anfühlt." (Devaprem)*

Was für eine segensreiche Entspannung, sich dem Leben in Vertrauen hingeben zu können. Kinder sind so, und Jesus wird seit zwei Jahrtausenden nicht müde zu predigen, dass wir uns ein Beispiel an ihnen nehmen sollen. Der Narr im Tarot ist auch so einer. Er vertraut einfach weiter, auch wenn er schon unzählige Male auf die Nase gefallen ist. Und bleibt dadurch unschuldig und unverdorben. Das lässt er sich nicht nehmen. Alle nennen ihn einen Narren und sie mögen Recht damit haben. Aber er denkt, fühlt und handelt weiterhin aus der Unschuld seines Herzens heraus.

„Mit Wurzeln und Flügeln“ bedeutet auch, dass man sich selbst nicht verleugnen muss, um voller Vertrauen im Hier und Jetzt zu leben. Als ich damals meinen spirituellen Namen bekam, wollte ich am liebsten meine ganze Vergangenheit auslöschen. Vielleicht braucht es in gewissen Zeiten einen solchen Enthusiasmus, aber das Leben auf diesem Planeten lehrt uns immer wieder, zurück auf den Boden zu kommen. In Wirklichkeit gibt es bei jedem Menschen viele Möglichkeiten, im Hier und Jetzt präsent zu sein. Um es mit den Worten von Thaddäus Golas auszudrücken: „Wenn gewöhnliche Menschen ihre Arbeit, ihr tägliches Leben und ihre Unvollkommenheit mehr lieben als der Yogi seine tägliche Andacht, befinden sie sich auf einer höheren Ebene als er. “

Spaß am Leben ist das einfachste und vergnüglichste Tor ins Hier und Jetzt. Werfen Sie doch selbst mal einen kleinen Blick in ihr tägliches Leben. Wie viele tägliche Momente gibt es, in denen Sie einfach im Herzen präsent sind. Diese Augenblicke und unsere liebevolle Achtsamkeit dafür sind wie viele kleine Lichter. Und bekanntlich sind viele kleine Lichter der nahe liegende Weg zum großen Licht, nach dem Sie sich sehnen. Ist das nicht ein wunderbarer Schlüssel für tantrische Lebenskunst. Das mag eine Katze sein, die vorüberhuscht, oder ein Bekannter, der freundlich grüßt. Eine Meldung aus der Zeitung, ein Lied, ein Vogel, eine Wolke, das Feuer im Ofen. Verurteilen Sie sich nur nicht dafür, wenn sie bemerken, dass ihr Verstand wieder das Kommando übernimmt und die Gedanken erneut von Pontius zu Pilatus wandern. Und bitte forcieren sie diese kleinen Lichter nicht. Machen Sie bloß keinen neuen spirituellen Trip daraus. Bleiben Sie natürlich und leben Sie Ihr normales Leben weiter. Erkennen Sie Ihre eigene Individualität. Schätzen Sie die Wurzeln aus Ihrer kostbaren Vergangenheit.

Dazu eine kleine Anekdote: Ich befand mich alleine auf einer längeren Autofahrt. Während ich so dahin fuhr, kramte ich nach einer passenden CD. Schließlich landete ich bei einer „Best Of" Compilation von Led Zeppelin. Nichts wie rein damit. Was war das für eine Freude. Ich bin ja gewöhnlich nicht so der Hard Rock Fan, aber was diese Jungs da spielten, das war wie gechannelt. Diese leidenschaftliche Rockmusik brachte mich ja so was von ins Hier und Jetzt. Wenig später las ich den Artikel eines bekannten Schlagzeugers, der fast in den gleichen Worten beschrieb, was die Musik von Led Zeppelin bei ihm auslöste. Nein, es muss kein New Age Trallala und erst recht keine Kirchenmusik sein. Indische Mantren schon gar nicht. Für mich jedenfalls nicht. Es muss auch kein tantrisches Maithuna-Ritual in tiefster Vereinigung über vierundzwanzig Stunden zelebriert werden, sondern es kann jeden x-beliebigen Moment passieren.

Je tiefer man sich in tantrische Literatur vertieft, desto deutlicher tritt hervor, dass Tantra nichts anderes als eine innere Haltung ist.

Kürzlich traf ich einen alten Freund, der sich mir mit seinem sexuellen Frust offenbarte: Er hätte noch keinen Stich gemacht in diesem Sommer, weshalb er sich inzwischen schon so verkorkst fühle, dass er überzeugt sei, die schönen Frauen wechselten die Straßenseite, sobald er auftauche. Meine erste Reaktion darauf war, dass ich als Frau wohl auch die Straßenseite wechseln würde.

Tantra bedeutet, wenn sich Männer und Frauen im Leben als Könige, ja als Götter wie Shiva und Shakti begegnen und nicht als Bettler, wie es leider häufig der Fall ist. Dafür ist es wichtig, sich seiner Konditionierungen, Emotionen und der kindlichen Bedürftigkeiten, die uns oftmals unbewusst leiten, bewusst zu werden. In diesem Prozess löst sich allmählich die Identifikation mit dem Teil in uns auf, der sich noch an die Nabelschnur bzw. die verlorene Einheit mit der Mutter klammert. Was dagegen zum Vorschein kommt, ist das Wissen um die natürliche Verbundenheit mit der Existenz und die Sehnsucht des Herzens nach tiefen Beziehungen.

In der Meditation finden wir unseren roten Faden durch den Tag und gewinnen Abstand zu all den Stimmen und Gedanken in unserem Verstand, die uns das Leben gewöhnlich schwer machen. Es mag sich heute natürlich anfühlen ,alleine zu leben und sich an leichten, schönen Begegnungen zu erfreuen. Morgen schon fühlt es sich vielleicht ebenso natürlich an, sich auf eine tiefe und verbindliche Beziehung einzulassen und gemeinsam Schwingungen der Liebe zu erzeugen. Durch die innere Führung unseres Herzens bekommen wir das Gefühl, zur rechten Zeit am rechten Ort das Richtige zu tun, und befinden uns im gleichen Puls wie der Kosmos. Wir fühlen uns frei und genießen diese Freiheit als das höchstmögliche Gut.

Tantra sagt, dass Spiritualität und Alltag, Freiheit und Liebe, Sexualität und Mitgefühl zusammengehören und setzt damit ein völlig neues Verständnis von Beziehung, Partnerschaft und Sexualität voraus.

„Auf der Ebene des Herzens wird ein Orgasmus als abgrundtiefes Vertrauen empfunden, als ein

Gefühl der größtmöglichen Öffnung, um den anderen hereinzulassen; und schließlich ein Gefühl des Verschmelzens, weil man hier weiß, dass man sich dem anderen Herzen voll und ganz hingeben und öffnen kann." (Margo Anand)

Wie viele andere Menschen auch, habe ich die Empfindung, dass sich die Zeitqualität in den vergangenen Jahren erheblich beschleunigt hat. Es geschehen immer mehr Dinge in immer kürzerer Zeit. Hatte man vor zwanzig Jahren ein wenig Zeit, bis sich ein Gedanke manifestiert, geschieht dies heute im Bruchteil von Sekunden. Wir Menschen tun gut daran, zu wissen, was wir beabsichtigen mit unserer schöpferischen Energie. Gerade in der Sexualität wird es immer wichtiger sich nicht mehr auf unverantwortliche und lieblose Weise einem Mann oder einer Frau körperlich zu öffnen. Ich glaube, dass Tantra die Religion dieses Jahrhunderts ist.

Schon weil es sich die Menschheit gar nicht weiter leisten kann, sich abzuspalten, die wesentlichen Bereiche des Mensch-Seins voneinander zu trennen und weiterhin zerstörerische Beziehungen einzugehen. Trennung und Spaltung sind nicht mehr nötig. Schließen wir also Frieden mit uns selbst in unserer Ganzheit und begeben uns täglich hinein ins Leben. Unser Spielfeld ist das ganze Universum und die Spielregeln bestimmen wir selbst, indem wir aus Liebe denken, handeln und fühlen.

UND GANZ ZUM SCHLUSS noch ein paar Empfehlungen für tantrische Lebenskunst im Alltag. Zum persönlicheren Verständnis habe ich sie in der Du-Form gelassen. Hier sind sie:

- *Besuche deine beste Freundin/deinen besten Freund, erzähl deine Geschichte und lass dich in den Arm nehmen.*
- *Nimm eine Kassette oder eine CD auf mit allen Songs, die dich berühren und dir eine Gänsehaut verpassen. Schenke sie dann einem Freund.*
- *Geh um halb neun ins Bett, träume wild und schlaf dich richtig aus.*
- *Verzichte für mindestens einen Tag in der Woche auf Fernsehen, Computer und dein Handy. Ruf stattdessen täglich jemand an, den du magst.*
- *Verzichte für mindestens eine Woche auf sämtliche Nachrichten aus Radio, Fernsehen oder Zeitungen.*
- *Lies stattdessen in der Natur, in deinen Gefühlen und hör auf das Feedback der Leute, die dir wichtig sind.*
- *Geh zu einem Lachabend, lach dich zwei Stunden halbtot und nimm dich und dein Leben nicht mehr so ernst.*
- *Rauch einen Joint, trink drei Gläser Wein und lass dich mal wieder richtig gehen.*
- *Gesteh es dir ein, dass du nicht mehr weiterweißt.*
- *Erlaube dir so zu sein, wie du bist, in deiner ganzen unvollkommenen Menschlichkeit.*

- *Lass alles liegen und stehen und mach einen Spaziergang in der Natur.*
- *Schlafe mit deinem Freund/deiner Freundin und sei besonders liebevoll und achtsam dabei.*
- *Koch dir dein Lieblingsgericht oder lass dich in dein Lieblingsrestaurant einladen.*
- *Mach eine Dynamische Meditation oder die 5-Rhythmen von Gabrielle Roth.*
- *Erkenne, wann du dich isoliert fühlst, und weine darüber.*
- *Ziehe in Erwägung, dass du nicht Recht hast damit, was du über dich selbst und andere Menschen denkst.*
- *Sobald du merkst, dass du in Stress kommst, mach etwas Unsinniges.*
- *Kauf dir selbst einen Blumenstrauß.*
- *Aktiviere dein 3. Chakra und mach deine Wohnung sauber.*
- *Halte einen Vortrag über ein Thema, das dich bewegt.*
- *Umarme täglich mindestens einen Menschen, den du magst.*
- *Entspanne dabei dein Arschloch.*
- *Folge dem nahe liegenden Impuls immer mehr aus dem Bauch heraus. Und achte darauf, was dir wirklich Freude macht.*
- *Beschenke jemand völlig überraschend und ohne etwas dafür zu erwarten.*
- *Bedanke dich täglich bei der Existenz für die unbeschreibliche Gnade deines Lebens.*
- *Bitte deine Guides um Licht, Energie und Begleitung.*

• Achte darauf, was du über andere Männer und Frauen denkst und ob du damit Shakti und Shiva in jedem Menschen genügend Ehre erweist.
• Nimm an einem Tantra-Seminar teil und lass dich zu 100 Prozent darauf ein.
• Miete ein kleines Kino und schau dir deinen Lieblingsfilm mit deinen besten Freunden an.
• Lies alle Bücher von Osho über Tantra.
• Verschenke sie danach.
• Sei leidenschaftlich und freue dich über das Feuer deines Begehrens.
• Finde immer mehr über weibliche und tantrische Sexualität heraus.
• Versuche im Sex spielerischer und entspannter zu sein.
• Mach dir nichts draus, wenn du meinst etwas falsch gemacht zu haben.
• Experimentiere mit deiner Lebensenergie und hab deinen Spaß dabei.
• Schreib dein eigenes Tantra-Buch.

ABC des Tantra

ÄNGSTE dürfen und sollen mitgeteilt werden

ANUS möchte gerne ins Liebesspiel miteinbezogen werden

APHRODISIAKA Die weltweit beliebtesten Aphrodisiaka sind Wein und Hanf. Im Standardwerk „Pflanzen der Liebe" von Christian Rätsch werden darüber hinaus 100 weitere natürliche Mittel zur Luststeigerung vorgestellt.

ATMEN In buddhistischer Achtsamkeit auf das mühelose Ein- und Ausatmen achten, im Rebirthing vom donnernden Atem im ganzen Körper erschüttert werden oder im Liebesspiel zu hecheln, zu stöhnen und zu schreien. Nur nicht aufhören zu atmen, sondern immer weiter atmen, denn atmen ist Leben.

AURA Jeder hat sie, fast jeder kann sie wahrnehmen und inzwischen kann man sie sogar fotografieren. Dennoch hat sie selbst immer noch eine geheimnisvolle Aura, die sie wohl nie ganz ablegen wird.

BAUCHTANZ „Der Ursprung des Bauchtanzes sind religiöse Fruchtbarkeitstänze. Somit hatte dieser Tanz schon immer einen sexuellen Hintergrund. Heutzutage wird der Bauchtanz, der oft in einer Art Show dargeboten wird, von vielen Männern als erotischer Antörner gesehen." (Erot. Lexikon)

BECKEN lässt sich gerne wiegen und schaukeln

BEGIERDE „Die Begierde ist eine unserer Lebenskräfte. Sie zu verleugnen oder abschneiden zu wollen bedeutet, sich um eine zentrale Dynamik zu bringen. Dies bedeutet eine Art „Trockenlegung" – ein häufiges Markenzeichen des Religiösen" (Daniel Odier)

BEWUSSTSEIN macht gewöhnlichen Sex zu einem tantrischen Event.

BIOENERGETIK „Bei der bioenergetischen Arbeit geht es darum, im Körper Blockaden aufzuspüren, hinter denen unbewusste Glaubenssätze stehen, die sich als Folge früherer Konditionierung entwickelt haben". (Advaita Maria Bach)

CHAKREN „In den ältesten Überlieferungen aller Kulturen gibt es bereits Beschreibungen der sieben sich drehenden elektromagnetischen Felder des menschlichen Körpers, die zusammen unsere Aura erzeugen. Doch erst in letzter Zeit hat auch die Wissenschaft die Existenz dieser Energien bestätigt" (Rosalyn L. Bruyere)

CONNECTION Seit zwanzig Jahren das Szene- Magazin für Spiritualität und tantrische Lebenskunst im deutschsprachigen Raum. Seit 1991 erscheinen regelmäßig Tantra-Specials mit vielen lesenswerten Beiträgen von bekannten Autoren und Tantra-Lehrern.

DRITTES AUGE liegt zwischen den Augenbrauen (6. Chakra), öffnet uns für Intuition und die Verbindung mit einer höheren Intelligenz.

DUALITÄT Als Tantriker begibt man sich in die Dualität hinein, um darüber hinaus zu gehen. Man überwindet die Dualität, indem man sie lebt, genießt und feiert.

DÜFTE Tantrische Lebenskunst bedeutet, mit offenen Sinnen zu leben. Besonders die Nase scheint mit Eros und dem Gefühlszentrum ziemlich eng verbunden zu sein. Um den Eros anzuregen, ist Ylang Ylang, Jasmin oder Sandelholz zu empfehlen.

EJAKULATION Das Finale der männlichen Sexualität. Irrtümlicherweise nicht immer in Verbindung mit einem Orgasmus.

EKSTASE „Die Kunst der Ekstase ist nicht beschränkt auf das sexuelle Erleben, auch wenn Ekstase heute eher damit in Verbindung gebracht wird. In vielen Bereichen unseres Alltagslebens finden sich Möglichkeiten ekstatische Gipfelerlebnisse zu erfahren, wenn wir die alte Kunst einer ekstatischen Lebensführung wiederentdecken." (Margo Anand)

ENERGIE spielt im Tantra eine große Rolle. Sexenergie ist Lebensenergie.

ENTSPANNUNG Das A und O – ob es sich nun um philosophisches oder um sexuelles Tantra handelt. Ohne Entspannung macht man was anderes als Tantra.

EROTIK Der missbrauchte Begriff. Man denke nur an Erotik-Messen etc. Wirkliche Erotik kann tausendmal mehr in einem Blick, einem Wort oder einer einfachen Geste liegen.

FRIGIDITÄT kommt meistens daher, dass Frauen die Lust vergeht.

GARUDA „Es gibt im buddhistischen Tantra das Bild vom mystischen Vogel Garuda. Der Mythos besagt, dass dieser Vogel Transformation mit sich bringt." (Michael Plesse)

G-PUNKT Er befindet sich auf der oberen Seite der Scheideninnenwand und ist am besten mit einem leichten Druck zu stimulieren. Eine Massage des Gewebes um den G-Punkt kann sehr heilend und auflösend bei sexuellen Panzerungen wirken.

GRUPPENSEX „Sind drei Partner intim zusammen, nennen wir es Triole. Sind es vier (zwei Pärchen, die den Partner wechseln), sprechen wir von Partnertausch. Zum Gruppensex gehören mindestens fünf Partner. Dieser wurde schon vor dreitausend Jahren bei den Griechen und Römern praktiziert." (Erot. Lexikon)

HEILIGER RAUM sollte vor, und nicht während, tantrischen Ritualen errichtet werden.

HERZCHAKRA mischt die Liebe in den Sex und fühlt sich sooo gut an.

IMPOTENZ Meistens eine vorübergehende Erscheinung, vorwiegend durch Stress und emotionalen Schmerz hervorgerufen. Körperliche Ursachen lassen sich in der Regel inzwischen diagnostizieren und erfolgreich behandeln.

INNERE FLÖTE Das Lieblingsinstrument aller Tantriker. „Wenn die sexuelle Energie durch die innere Flöte nach oben steigt, wird sie, während sie sich durch die einzelnen Chakren bewegt, umgewandelt, was sich in unterschiedlichen Empfindungen, Gefühlen und Farben äußert." (Margo Anand)

INTIMITÄT ist das wonach sich jeder sehnt und im gewöhnlichen Sex oft fehlt

KALI Göttin aus dem tantrischen Hinduismus. Kali „die Dunkle", „die Schwarze"; Zerstörerin der Unwissenheit, der Täuschung und des Todes, Gewährerin von Weisheit und Befreiung. „Die Hüterin des Todes ist die mächtigste Expertin des Lebens." (Luisa Francia)

KAMASUTRA Der indische Begriff für die tantrische Liebestechnik setzt sich aus dem Wort Kama (Liebe) und Sutra (Lehrsätze) zusammen. Es ist das älteste überlieferte hinduistische Lehrbuch der erotischen Liebe. Unseligerweise wird es meistens auf die verschiedenen Stellungen beim Geschlechtsverkehr reduziert, obwohl die entsprechenden Passagen nur einen Bruchteil des Textes ausmachen.

KLITORIS Lange Zeit vernachlässigter und in den letzten Jahren völlig überschätzter Nebenschauplatz weiblicher Sexualität.

KRONENCHAKRA dort angelangt spielt die innere Flöte ihr Lied von der Verbundenheit allen Seins

KUNDALINI ist die zusammengerollte, schlafende, kosmische Kraft, die aller organischer und anorganischer Materie zugrunde liegt. Sie ist die Ur-Energie, die am Basiszentrum in einem ruhenden Spannungszustand liegt." (Swami Sivananda)

KÜSSEN kann manchmal schöner und intimer sein als der Geschlechtsakt selber. Darum ist Küssen bei den meisten Prostituierten völlig tabu. In China ist ein Zungenkuss auf offener Straße strengstens verboten.

LINGAM Tantrische Bezeichnung des Penis. Im Kult um Shiva nicht nur ein Objekt der Begierde, sondern auch der religiösen Verehrung.

MAHAMUDRA *Das* Lied aus dem innersten Kern des tibetisch-buddhistischen Tantras, das der Meister Tilopa seinem Schüler Naropa vermittelte. Mahamudra bedeutet „Die Große Lehre".

MAITHUNA sind tantrische Rituale der sexuellen Vereinigung. Andro ist ein Maithuna-Experte und zeigt in seinen Seminaren, Videos und Büchern einige dieser Rituale, die lehren, wie sexuelle Energie zu beherrschen und einzusetzen ist, um Körper und Seele zu erfreuen.

MANTRA Bezeichnung für eine hinduistische oder buddhistische mystische Zauber- oder Geheimformel. Sie wird in der Regel vom Guru dem Schüler nach dessen Einweihung in den Ritus verliehen. Diese Zauberformel muss geheim gehalten werden und soll der Schatz des Gläubigen sein. Mantren sind in vielen Naturreligionen bekannt und stellen aus psychologischer Sicht den Rettungsanker der Seele in den Erschütterungen des alltäglichen Lebens dar.

MEDITATION Eigentlich ein Seinszustand der entspannten, aber hellwachen Präsenz im Hier und Jetzt. Durch regelmäßige Meditationen kann das Energiesystem des Menschen in Balance kommen und sich die Identifizierung mit dem begrenzten Verstand zugunsten der „Wahrnehmung von Einheit" auflösen.

MUDRAS „Wenn Sie Ihre Hände zum Gebet zusammenführen, einem Freund die Hand geben oder einen Finger erheben, um etwas zum Ausdruck zu bringen, verwenden Sie diese symbolische Körpersprache". (Sabrina Mesko)

NAMASTE – Ich grüße das Göttliche in dir. So begrüßen sich Shiva und Shakti.

ORALER SEX ist in einigen Regionen Indiens eher eine tantrische Massagetechnik als ein Teil des Liebesspiels. Oraler Sex verschafft großes Vergnügen soweit er auf liebevoller und absolut freiwilliger Basis praktiziert wird. Leider denken viele Frauen immer noch, sie müssten ihrem Lover einen blasen, um eine gute Geliebte zu sein und um es ihm recht zu machen, während sie selbst dabei oft keine Lust empfinden.

ORGASMUS Der gewöhnliche O. unterscheidet sich vom tantrischen O. in der Regel dadurch, dass er allein durch genitale Stimulation herbeigeführt wird.

PC-MUSKEL „Dieser Muskel, der bei Mann und Frau vorhanden ist, verläuft vom vorderen Schambein bis zum Steißbein und liegt ca. 2-3 cm unter der Haut. Der PC-Muskel wird vom Pudendusnerv angereizt, der die Erregung des Scheideneingangs, der Schamlippen, des Kitzlers und Anus wahrnimmt, und diese Signale zum Gehirn weitergibt. Außerdem ist dieser Nerv für das rhythmische Zusammenziehen beim Orgasmus verantwortlich." (Erotisches Lexikon)

PRÄMENSTRUELL bedeutet, dass der Energiestrom im Körper einer Frau zu bestimmten Zeiten ein wenig durchdreht.

PROSTATA Man muss sich ihre Funktion etwa wie ein „Mischventil" vorstellen. Sie mischt bestimmte Sekrete in die Samenflüssigkeit, sodass sie den größten Teil der Samenflüssigkeit ausmacht. Zudem sorgt ein kleiner Schließmuskel dafür, dass sie als „Rückschlagventil" arbeitet. Es sorgt dafür, dass keine Samenflüssigkeit in die falsche Richtung fließt.

QUICKIE „Als Quickie bezeichnet man spontanen Sex, der z.B. im Fahrstuhl, im Auto, in einer Umkleidekabine oder im Wald stattfinden kann. Er ist ein Ausdruck höchster sexueller Begierde. Bei einem Quickie sind beide Partner so heiß aufeinander, dass sie nicht mehr warten können und den Sex schnellstmöglich herbeisehnen." (Erotisches Lexikon)

RITUALE erhöhen Alltagssituationen in religiöse Handlungen und haben nicht nur im Tantra eine transformierende Kraft.

SELBSTLIEBE ist vermutlich die Eigenschaft, die Jesus gemeint haben muss, als er sagte: „Liebe deinen Nächsten wie dich selbst." Schien wohl eine ziemliche Selbstverständlichkeit für ihn zu sein. Das Christentum allerdings verdammte die Selbstliebe als Egoismus. Davon hat sich das kollektive Denken bis heute nicht erholt.

SHAKTI ist im Tantra der weibliche Aspekt des Göttlichen. Sie steht u.a. für das empfangende, erschaffende und erhaltende Prinzip der Schöpfungsenergie. Shakti ist die Personifikation der weiblichen Urenergie. Im Tantra begegnen sich Mann und Frau nicht als begrenzte Persönlichkeiten, sondern als Manifestationen von Shiva und Shakti.

SHIVA ist im Tantra der männliche Aspekt des Göttlichen. Er steht für die kreative Schöpfungsenergie und gilt in der tantrischen Philosophie zugleich als Zerstörer und Erneuerer. Shiva wird in vielen Gemälden und Statuen als der tanzende Gott, der seine Shakti umwirbt, dargestellt. Erst durch seine Shakti erlangt der Shiva seine volle Kraft und kann sich in seiner ganzen Pracht im Sichtbaren manifestieren.

TALORGASMUS der Höhepunkt tantrischer Sexualität in völlig entspanntem Zustand.

TANTRA-SEMINARE Die häufigsten Fragen zu Tantra-Seminaren lauten: Muss ich mich ausziehen? Gibt es Sex in der Gruppe? Kann ich auch als Single kommen?

TANTRA-YOGA ist ein dynamischer Yoga, der aus verschiedenen Elementen besteht. Zu den Körperstellungen des Hatha Yoga kommen Atmung, Stimme und Vorstellungsbilder sowie Bewegung und Sexualität. Die Übungen bewirken eine Ausdehnung der eigenen Kraftquellen. Nach und nach wird die Flexibilität des Körpers wieder zunehmen, auch dann, wenn mit schlechten körperlichen Voraussetzungen begonnen wird. Ziel des Tantra Yoga ist es, die Lust als Motor zur Erzeugung von Lebensenergie einzusetzen, und daraus eine Quelle zu schaffen, aus der man bis ins hohe Alter schöpfen kann.

TANZ DER SINNE Ein tantrisches Ritual, das nach wie vor in vielen Seminaren beliebt ist. Meistens werden die Augen eines liegenden Partners verbunden und alle anderen Sinne durch Düfte, Berührungen, Leckereien und Klänge angeregt und verwöhnt.

ÜBUNGEN gibt es viele, doch die tantrische Erfahrung kommt aus dem Nichts

VIAGRA Das sind diese blauen Kapseln, durch die man einen ziemlichen Ständer kriegt und sich energetisch wie aufgepeitscht fühlt. Tantrische Frauen, denen Sex auch am Herzen liegt, haben in der Regel nicht viel davon, da V. leider nur rein genital wirkt.

VERTRAUEN ist der Schlüssel für alles was mit Tantra zu tun hat.

VORZEITIGE EJAKULATION lässt sich verhindern: Durch ein leichtes Drücken auf den Punkt zwischen Hoden und After

VISUALISIERUNGEN Hilfreiche Methode bei einigen tantrischen Techniken, z.B. das Spiel auf der „inneren Flöte".

WEIBLICHER SEX ist tantrischer Sex. Männlicher Sex hingegen dominiert zu 95 Prozent die Schlafzimmer, die Medien und die allgemeinen Vorstellungen über Sexualität.

YIN UND YANG „Mit Tantra, dem kosmischen Ausbalancieren von männlicher und weiblicher Energie, von Yin und Yang, Positivem und Negativem, Dynamischem und Rezeptivem, können wir innerlich und äußerlich Liebe und Geist in unser Leben bringen und lernen, auch jenseits der Grenzen simpler Biologie zu leben. Wir erhalten dadurch Gelegenheit, zu unserer Natur als Mann oder Frau zurückzukehren und durch den physischen Akt des Liebemachens die spirituelle Sprache der Liebe zu finden. Das ist ein anderes Bild von Sex als das uns überlieferte. Tantra schenkt uns neue Erkenntnisse und eine völlig andere Sichtweise vom Sex und seiner Funktion." (Diana Richardson)

YONI heißt das weibliche Geschlecht im Tantra.

ZEIT ZU LIEBEN ist das A und O im Tantra.

EMPFEHLENSWERTE BÜCHER

Aldred Caroline, Cosmic Sex, Benedikt
Andro, Die fünf Tantrika, Nietzsch
Andro, Berühre mich, Nietzsch
Andro, Tantra Yoga, Nietzsch
Andro, Devatara, Orgasmusschule, Nietzsch
Boyle T. C., Drop City, Hanser
Bruyere Rosalyn L., Das Geheimnis der Chakras, Heyne
Comfort Alex, New Joy of Sex, Ullstein
Comfort Alex, Tantra of Sex, Ullstein
Dalai Lama XIV., Das Buch der Menschlichkeit, Lübbe
DeGrandis Francesca, Die Macht der Göttin ist in dir, Heyne
Deida, David, Der Weg des Mannes, Knaur
Devil Kamala, Tantra-Sex, Goldmann
Douglas /Slinger, Das große Buch des Tantra, Ariston
Fox /Sheldrake, Engel – Die kosmische Intelligenz, Kösel
Gillies Jerry, Transzendenter Sex, Heyne
Golas Thaddeus, Der Erleuchtung ist es egal..., Sphinx
Hellinger Bert, Ordnungen der Liebe, Carl-Auer-Systeme
Hessmann-Kosaris Anita, Natürlich verhüten, Südwest
Huber Vismay G., Body, Soul & Tantra, Falken
Janascheck Ulla, Göttin der Gezeiten, Arun
Jeanmaire Alexander, Der kreative Funke, Ars Momentum
Katie Byron, Gisela Kretzschmar, Lieben was ist, Goldmann
Kazantzakis Nikos, Alexis Sorbas, Ullstein
Kramer Joel, Die Leidenschaft der Erkenntnis, Hugendubel
Krishnananda & Amana , Vertrauen ist gut, Selbstvertrauen ist besser, Innenwelt
Krishnananda, Liebe ist (k)ein Kinderspiel", Friedhelm Schrodt
Leary Timothy, Denn sie wussten, was sie tun, Sphinx

Lewis Dennis, Das Tao des Atmens, Aristan
Lilly John, Der Scientist, Goldmann
Lilly John, Ein Paar werden, Goldmann
Long Barry, Sexuelle Liebe auf göttliche Weise, Neue Erde
Long Barry, Briefe in Liebe, Param
Lysebeth, Andre von, Tantra für Menschen von heute, Mosaik
Marciniak Barbara, Boten des neuen Morgens, Bauer
Marciniak Barbara, Plejadische Schlüssel, Bauer
Marciniak Barbara, Die Lichtfamilie, Bauer
Margo Anand: Ekstase für jeden Tag, Heyne
Margo Anand, Tantra - Weg der Ekstase, Herzschlag
Margo Anand, Tantra oder die Kunst der sexuellen Ekstase, Goldmann
Margo Anand, Magie des Tantra, Goldmann
Melchizedek Drunvalo, Aus dem Herzen leben, Koha
Miles Barry, Hippies, Collection Rolf Heyne
Mookerjee Ajit, Kundalini, Origo Verlag
Muir Charles, Tantra - Die Kunst bewussten Liebens, Heyne
Northrup Christiane, Frauenkörper, Frauenweisheit, Zabert Sandmann
Odier Daniel, Begierde, Leidenschaft & Spiritualität, Innenwelt
Odier Daniel, Tantra, Lübbe
Olvedi Ulli, Der Schrei des Garuda, O.W. Barth
Osho, Das Chakra-Buch, Innenwelt
Osho, Tantra – Die höchste Einsicht, Innenwelt
Osho, Das Buch der Geheimnisse, Innenwelt
Osho, Tantra, Spiritualität & Sex, Innenwelt
Peterson Wayne S., Hinter den Kulissen wird die Welt verändert, Neue Aspekte
Plesse Michael & St. Clair Gabriele, Feuer der Sinnlichkeit, Goldmann

Pyari Ma Deva, Tantrisches Leben, Heyne
Rätsch Christian, Pflanzen der Liebe, AT
Reich Wilhelm, Die Funktion des Orgasmus, Kiepenh. u. Witsch
Reyo Zulma, Feuer und Licht, Windpferd
Richardson Diana, Zeit für Liebe, Innenwelt
Richardson Diana, Zeit für Weiblichkeit, Innenwelt
Robbins Tom, Pan Aroma, Rowohlt
Robbins Tom, Salomes siebter Schleier, Rowohlt
Roth Gabrielle, Das befreite Herz, Heyne
Roth Gabrielle, Leben ist Bewegung, Heyne
Samarpan, Glücklich sein in jedem Moment, J.Kamphausen
Saraswati Sunyata, Juwel im Lotus, Bauer
Schneider Wolf, Tantra – Spiele der Liebe, Droemer Knaur
Schröder Burkhard, Atem Ekstase, Synthesis
Schröter/Szabo/TenHövel, Verführung zur Ekstase, Nietzsch
Sharamon/ Baginski, Das Chakra-Handbuch, Windpferd
Sheldrake Rupert, Das schöpferische Universum, Goldmann
Thich Nhat Hanh, Ich pflanze ein Lächeln, Goldmann
Thich Nhat Hanh, Das Wunder der Achtsamkeit, Theseus
Thirleby Ashley, Das Tantra der Liebe, Scherz Verlag
Thirleby Ashley, Tantra - Reigen der vollkommenen Lust, Scherz
Tolle Eckhart, Jetzt! Die Kraft der Gegenwart, J. Kamphausen
Vassi Marco, Erotische Komödien, Goldmann
Villoldo/Hickisch, Das geheime Wissen d. Schamanen, Goldmann
Visser Frank, Wilber Ken - Denker aus Passion, Via Nova
Weltzien Diane von, Das Tantra Praxisbuch, Goldmann
Widmer Samuel, Ins Herz der Dinge lauschen, Nachtschatten
Widmer Samuel, Vom Weg mit Herz - Die Essenz aus der Lehre des Don Juan", Nachtschatten
Winter Gayan S., Meditation für Frauen, Heyne

EMPFEHLENSWERTE TANTRA-ADRESSEN

Deutschland

ADVAITA-TANTRA • Tel: 0611 / 74748 • www.advaita-tantra.de

ARDHANARI-INSTITUT • Tel: 06201 / 259773
www.ardhanari.de

ARUNA -INSTITUT • Tel: 07936 / 621 • www.aruna.info

DAKINI-TANTRA • Tel: 07003 / 254648
www.dakini-tantra.de

DANIEL ODIER • www.danielodier.com

DIAMOND LOTUS CENTER BERLIN • Tel: 030 / 216 31 29
www.diamond-lotus.de

INST. FÜR LEBENSKUNST & TANTRA • Tel: 030 / 25298700
www.tantra-in-berlin.de

KAHUNA-WISSENSCHAFTEN • Tel: 05221 / 69 31 81

LOVE4COUPLES, D. Richardson • www.love4couples.com

ORGOVILLE INTERNATIONAL • Tel: 07531 / 25220
www.orgoville.de

OSHO UTA INSTITUT • Tel: 0221 / 57407-30/-31
www.oshouta.de

PHOENIX-TANTRA • Tel: 06861 / 79 02 08
www.phoenix-tantra.de

SECRET OF TANTRA • Tel: 0700 / 16181618
www.secret-of-tantra.de

SINNLICHE WEGE • Tel: 0761 / 13797966
www.sinnliche-wege.de

SKYDANCING TANTRA® INSTITUT • Tel: 089 / 43 65 16 01
www.skydancingtantra.de

SKYDANCING – GAY-TANTRA • Tel: 0911 / 244 86 16
www.meditation-tantra.com

SURYA-TANTRA • Tel: 06127 / 79382 • www.surya-tantra.de

SYNTHESE IS LOVE • Tel: 08122 / 955335
www.synthese-is-love.de

TANTRA FÜR PAARE • Tel: 04435 / 916868
www.paar-tantra.de

DAS TANTRA FORUM – LOVECREATION® • Tel: 0231 / 917 3434
www.tantra.de

TANTRISCHE LEBENSKUNST • Tel: 08035 / 968474
Info@vismay.de • www.vismay.de

TANTRISCHE TRANSFORMATION • Tel: 06062 / 91 37 51
Rakendra@gmx.de

Österreich (Vorwahl ++43)

INSTITUT NAMASTÉ & TANTRA • Tel: 01 / 419 76 88 66
www.tantra.at • info@tantra.at

LEMURIAN TANTRA • Tel. 05154 / 970040
Chisayi@aol.com • www.rainbowreiki.net

BIOTIC® INSTITUT AUSTRIA • Tel: 02849 / 5000
info@biotic-institute.com

Schweiz (Vorwahl ++41)

ZEIT FÜR GEFÜHLE • Tel: 031 / 352 67 28
zeitfuergefuehle@hotmail.com

MANN-FRAU • Tel: 031 / 842 03 11
seminare@mann-frau.com • www.mann-frau.com

USA / Europa

THE ART OF BEING, USA
Tel: 001 / 808 / 5721435 • www.artofbeing.com

Bücher zum Thema Tantra im Innenwelt Verlag

Diana Richardson
Zeit für Weiblichkeit
Der tantrische Orgasmus der Frau
ISBN 3-936360-12-x

Diana Richardson
Zeit für Liebe
Sex, Intimität und Ekstase in Beziehungen
ISBN 3-936360-11-1

Daniel Odier
Begierde, Leidenschaft und Spiritualität
Der tantrische Weg des Erwachens
ISBN 3-936360-04-9

Osho
Tantra – Die höchste Einsicht
Kommentare zum Tantra des tibetischen Buddhismus
ISBN 3-936360-73-1

Osho
Tantra, Spiritualität & Sex
ISBN 3-936360-75-8

Osho
Das Buch der Geheimnisse
ISBN 3-936360-90-1